Introduction to Adlerian Psychology for Elderly Care
How can a good relationship with your aging parents be established

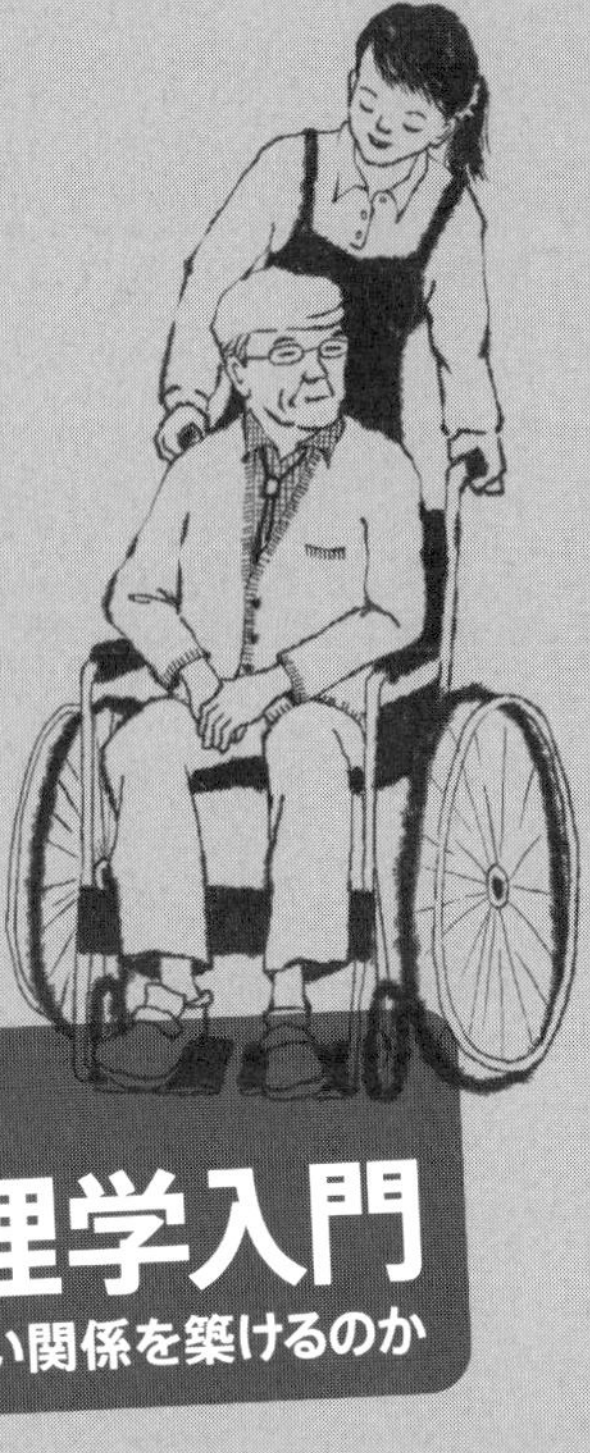

介護のための
アドラー心理学入門
どうすれば年老いた親とよい関係を築けるのか

岸見一郎

アルテ

はじめに

ある日の新聞に、認知症の母親と二人で暮らしている男性の記事が載っていました。男性は、母親を介護するために退職することを余儀なくされていました。ある日、朝食後、母親が「勤めに行かなくていいのか」といった時、「誰のおかげで仕事が決まらないと思っているんだ」と思わず声を荒げました。母親の言葉が認知症のせいだとわかっているのに、感情をコントロールできない自分が怖くなったと記事にはありました。

私はこの記事を読んだ時、他人事ではないと思いました。私も年老いた父の介護を始めており、父の言動でイライラすることがたしかにあったからです。もちろん、いつもそうではなく、穏やかに過ごせる日もあるのですが、仕事に行き詰まると、そのことを父の介護をしなければならないことのせいにすることはたびたびありました。

父は今八十二歳です。アルツハイマー型の認知症という診断を受け、最初は在宅看護、現在は介護老人保健施設（老健）にいます。父は母が若くして脳梗塞で亡くなった後、長く一人で暮らしていました。いろいろと問題が起こり、「なぜだ、わからない」と抵抗する父を何とかなだめすかして、私が今住んでいるところの近くにある実家へと戻ってこさせました。同居はできませんでしたが、歩けば十五分くらいなので、父の身の回りの世話をするために通うこともできると考えたからでした。四半世紀ぶりで帰ってきたこの家で、父はかつて母と過ごし、私と妹が生まれ育ちました。父自身は認めようとはしませんでしたが、もはや一人では暮らすことができなくなっていたのでした。二〇〇八年十一月のことでした。

私の場合は、もっぱら仕事を自宅でしていましたから、最初にあげた男性とは状況が違うのですが、父が帰ってくる二年前に大きな病気をして、その後療養のために外で仕事をすることを大幅に制限していました。父が戻ってきたのは、身体が回復し、ようやくまた以前のように外での仕事を再開しようと思っていた矢先のことでした。

介護すると一口でいっても、当然のことながら、介護する人がいなければ介護はできません。常勤の仕事に就いていなかった私は、このようなわけで、昼間、比較的自由に時間を取れたので、父の介護をすることができたのでした。しかし、私が一人で何もかもできないので、家族の援助も受け、介護サービスも利用しました。

最初はこのようにして在宅で父の介護をしていましたが、主治医やケアマネージャーの勧めもあって、特別養護老人ホームと介護老人健康施設に申し込んだところ、思いがけず早く、二〇一〇年の五月に入所が決まりました。どちらの施設も男性入所者は少なく、申込書と面接調査の結果に基づいた会議で受け入れ可能という判定がなされたものの、入所は「正直むずかしい」と施設の担当ケアマネージャーから聞かされました。

入所が決まるまでは在宅介護の本を書くつもりで準備していたので、どうしたものか迷いました。しかし、考えてみれば、施設に入所したからといって介護が終わったわけではありません。実際、今も週に二度ほど施設にいる父を訪ねています。介護を在宅で行うことには長所がある一方、困難なことが多く、その困難や介護に伴う負担は介護を始める前はある程度は予想はできても実感しにくいものです。ですから最近親の介護を始めた人には施設への入所も最初から視野に入れておくことを勧めています。私は父が帰ってきた時、施設入所のことを少しも考えておらず、そうすることに抵抗感がありましたが、今は考えが変わりました。父が施設に入所したことで、施設利用後の介護のあり方についても書くことができます。

近年、新聞やニュースで報道される介護をめぐる不幸な出来事の報道に接するたびに心が痛みます。長く介護に関わっている人からすれば在宅で介護した期間があまりに短いと思われるかもしれないという危惧があるのですが、屋上屋を架するごとくになることを承知で何とか介護をめぐることのような出来事の防止に資する本を書かなければならないと思いました。

本書では、もっぱら介護者の視点から、どうすれば介護の負担が軽くなるか、介護を必要とする親と、どうすればトラブルなしに可能な限り良好な関係を築けるかを、私が長年学んでいるアドラー心理学にもとづいて考えてみます。アドラーが介護について何か発言しているわけではありませんから、アドラーならどういうだろうかと父と接する時に考えてきましたが、アドラーの考えの原則、原理をしっかり理解すれば、どんな縺《もつ》れた糸のようになっている問題であっても必ず解決の糸口を見出すことができます。

父が認知症なので認知症についての話が多く、介護者、家族の視点から認知症をどのように理解し、対処していくかを見ていくことになりますが、介護全般に通じる問題を取り上げることで、どのように親と関われば、親との対人関係上の問題を解決する突破口を見出せるかを考えていきます。

目　次

介護のためのアドラー心理学入門

第一章　大変でない介護はない

気づくのは遅れる

父は長年一人暮らしだったこともあって、近くにいなかった私は父の状態をきちんと把握できていませんでした。物忘れがひどくなったという訴えは以前からありましたが、年のせいだと思っていました。身体の不調を訴えても、そのことを重大なこととして受け止めていませんでした。概ね、問題なく暮らせていると思っていました。

ところが、火の不始末、交通事故、お金を使い果たすというようなことが立て続けに起こって初めて、父の異変に気づきました。振り返れば、一緒に住んでいればもっと早くに気づいていたに違いない異変はずいぶんと前から始まっていたのでした。

帰ってきてから二ヶ月ほど経った時、父は体調を崩しました。常とは様子が違うので翌日受診したところ、すぐに入院することになりました。父が長く患っていた狭心症ではなく、貧血が悪化していたのです。結局、この貧血が何に由来するのかわからないままに、二ヶ月後退院しました。この入院中に脳のＭＲＩ検査（磁気共鳴映像法）を受け、アルツハイマー型の認知症を患っていると診断されました。画像を見ると、たしかに脳全般と海馬が萎縮していました。

身体の病気ですから、検査結果がよくならなければ主治医が退院を認めることはなかったでしょうが、その頃、もしも認知症についてもっと知っていれば、症状が落ち着いたらすぐに退院させたと思います。入院中肺炎にもなりましたから、二ヶ月の入院が徒に長いものであったわけでありません。それでも早く退院できる方向で医師に働きかけることはできなかったわけではありません。そうしなかったのは、介護を始めて二ヶ月で早くも根を上げそうになっていて、可能な限り長く入院していてほしいと願っていたので、積極的に退院に向けて医師に働きかけるということはしませんでした。毎日病院に通うのは大変ではありましたが、父が入院している間は、父が戻ってくる前のように、夜は安心して眠ることができました。

ところが、退院後の父の衰えは取り返すことができないように見えました。退院後間もない頃の混乱はやがて落ち着きはしましたが、前の状態まで戻るまでにはかなり時間がかかりました。後に読んだ本で、数日の入退院でも生活に支障をきたすことがあるので入院には慎重でなければならないことを知りました。

父は、退院した時、父が前に住んでいた家から連れてきた愛犬のことをすっかり忘れていました。

そのことを知った時に、これがアルツハイマーなのかと思いました。父が入院している間、私は毎日病院に通い、父の家にも朝と夕方必ず行って犬の食事の世話と散歩をしていましたが、やがて犬の世話が負担になり、妹一家に犬の世話を任せることにしました。入院中は父にはこのことは伏せておくことにしました。病院に行くと、時折、犬の夢を見たというような話をしていましたから、退院した時に犬がいなければ怒るだろうと思い、どういいわけをしたものか思案に暮れていましたが、病院から帰ってきた時、父の晩年の伴侶というべきこの犬のことは父の記憶からすっかり消えていたのです。

しかし、父が戻ってくる前の異変については話としては聞いていたものの、父に起こっている異変を示すこれほど明白な出来事は入院する前の二ヶ月にはなく、退院後初めて目の当たりにしました。一人では買い物も食事の用意もできないので、昼間、私が父のところへ通いました。最初に書いたように、父の家は私が住んでいるマンションからは歩くと十五分くらいの距離のところにあります。ですから用事があると帰っていました。週に一度姫路の大学に出講する日は、父が一人で食べられるように弁当を用意し、夕方まで一人にさせていました。しかし、もしも父の病気についてよく理解していたら、昼間長い時間一人にさせることはなかったはずです。

それでは、父の異変にまったく気づいていなかったかといえばそうではありません。例えば、入院する前も、今し方、犬と散歩に行ったばかりなのに、すぐにまた散歩に出かけるということがありました。また、食事をしたことを忘れることもありました。

一番、驚き、正直ショックを受けたのは、父が亡くなった母のことをすっかり忘れてしまっていたことでした。この家で、一緒に住んだではないかといってみても、淋しそうに首を振るばかりでした。

父がこのようないわば自分の存在の根幹に関わることについての理解を欠いていることを知って、ようやく戻ってくる前に同じものを何度も買ったことも、外出先から帰れなくなってたまたま通りかかった近所の人が車で連れ帰ったことも、また、主治医や大家さんと喧嘩したことも、振り返れば病気のせいだったのかもしれないと思い当ったのでした。

記憶障害については簡単な検査でもすぐにわかるでしょうが、このような感情や性格の変化は、父と少しの間話すだけではわかりません。共に生活して初めてわかります。父の場合、人とのコミュニケーションは十分できますから、父の病気に気づかない人もあります。

入院中、父は夜中に部屋の外に出ていって迷ってしまうというようなことがありました。病院は生活の場ではなく、非日常的な経験を強いられますから、父ならずとも誰もが多かれ少なかれ混乱します。しかし、父にとって入院という急激な環境の変化がかなりの混乱を引き起こしたようです。

退院して再び生活の場に戻ってきた時、父がもはや入院前の状態に戻れなくなったことを目の当たりにした時、認知症という診断が下されたことの意味が具体的にどういうものかはっきりとわかったのでした。

しかし、親の様子が以前とは違うことを目の当たりにして、医師から認知症と診断されても、家族はなお親が認知症であることを認めたくはありません。病院などでの検査の時とは違って日常の生活においては、親が検査の時にはできないことも難なくこなしていることを見ているからです。

医師は「今は季節は何ですか」とか「百から三を引いて」というようなことをたずねる検査をしたのですが、そのことで父を正しく診ることができるとは思えませんでした。

「今の季節は何ですか」という質問も、外の寒さとは無縁の暖かい病院に長くいればわからないかもしれません。その後も父は何度もいろいろな機会に「今日は何月何日ですか」という質問を受けることになりますが、今日が何日かというようなことは、仕事をしていない父には必ず知っていなければならない情報ではありません。

そもそも父は、何のためにそんなことを問われるか理解できなかったようでした。医師が父と十分信頼関係を築ける前に、認知症の検査を受けても、父はただ困惑するだけで、普段の力を出すことはできませんでした。そんな状態で得られた結果を見るだけでは正しい診察ができるとは思えませんでした。

ですから、親の本当の姿を理解できるのは家族だといいたくなります。本やインターネット、あるいは医師による説明などによって認知症とはどんな病気なのかという一般的な知識を得ることはできますが、検査結果をふまえて親の様子を見ることで、他ならぬ〈この〉親の認知症を知ることができるからです。しかし、他方、家族は親の状態を軽く、あるいはよく見る傾向がありますから、家族もまたその意味では親を正しく見ていないといえます。感情移入をしない第三者のほうが、病気を正しく見極めることができるともいえるからです。

認知症を専門にし、多くの人に認知症の診断をしてきた医師が、自分の妻が認知症と診断されて初めて介護がいかに大変なものかがわかったと書いている本を読んだことがあります。認知症といってもその現れ方は人によって違いますから、この医師が認知症の専門家であっても、妻の認知症に一般化できない面があることを知ったということもあるかもしれませんが、認知症であると診断されることは、家族にとっては終わりでなく、これからいつまで続くか予想ができない介護の始まりであることを、その医師が十分認識していなかったともいえます。

ともあれ、病気であることの気づきは常に遅れます。このことは親の病気だけではなく、自分自身の病気の場合も同じです。私は父が帰ってくる二年前に心筋梗塞になりました。それまでも息が切れて歩けなくなるなど明らかに前駆症状が出ていたのに、救急車で搬送され医師から心筋梗塞といわれるまで、心筋梗塞という病名は少しも思い浮かびませんでした。後から振り返るとおかしいのですが、この病気については知らなかったわけでもないのに、今自分に起きている身体の異変は死に至る病気によるのかもしれないと思いたくはないので、事実に目を塞ぎ、自分の身に起こっていることを無視するか、それに無害な解釈を与えようとしていたに違いありません。

父の認知症の場合も、医師の告知は決して青天の霹靂であったわけではなく、認知症ではないかと疑っていたはずなのです。それにもかかわらず、あえて認知症であることを認めようとしなかったのでした。ですから、医師の告知を聞いて、もっと早く気づくべきだったと後悔頻りでした。

しかし、はっきりしていることは、過去を振り返って、もっと早く一人暮らしを断念させていればよかったと後悔しても仕方ないということです。問題は多々あったでしょうが、これまで大事には至らなかったことの幸運を喜び、これからどうするかを考えていくしかありません。それだけが今できることです。

父は過去を失い、今自分がどこにいるのかもわからなくなりました。病気であろうとなかろうと、高齢であれば多かれ少なかれ起こる記憶の障害が、工夫次第で大きな生活上の困難にはならないようにするにはどうすればいいか、さらには、自分が今どんな状況にいるかというようなことについてはわかっていなくても、そのことが生きていくことに支障をきたさないようにするにはどんなふうに援助すればいいかを考えたいと思います。あわせて、介護が少しでも家族の負担にならないためにはどうすればいいかを考えていくことにしましょう。基本は親の人生ですから、病気であっても親が自分らしく生きられることを最優先したいですが、そのことが家族への過度の負担にならないこと、他方、介護する家族の負担を軽減することが親の人格を軽視することにならない配慮が必要です。

介護の大変さを計る指標はない

介護がどれくらい大変かということについての客観的な指標があるわけではありません。今の介護保険制度では、介護がどれほど必要かが審査され、それに応じて受けられる介護サービスの種類、時間が決まりますが、現状を反映しない結果が出ることがあります。それは一つには検査項目の不備によるものですが、調査員がくると今日は何月何日であるとか、普段は自分の年齢も答えられない親がしっかりと受け答えをすることがあるからです。

父は調査員の訪問直前まで、「何でもわかるいうたらあかんのやな」と何度も念を押していましたが、いざ質問が始まると、まるで予行演習をしていたかのようによどみなく自分の年齢を月単位で答えたのでした。動作も常よりもはるかに機敏であるように見えました。後に見ますが、記憶は失われるわけではありませんから、常は忘れてしまったと思えることが調査員の前で思い出されることはありうるわけです。

これとは逆のこともあります。調査のやり方によっては、普段の力以下の結果しか出せませんし、いきなり調査の趣旨が理解されないままに質問を受けても、うまく答えられなかったり、調査員に腹を立てるということもあります。これは医師が行う検査の場合と同じです。

このようなことがあっても、調査員はプロですから、親の答だけで判定することはありません。父が常よりも力が発揮できることに私は驚き困惑しましたが、できないよりはできるほうが望ましく、介護度が低く判定が出ることは家族にとって本来喜ばしいはずです。ところが、要介護度が低く判定されたら今後の介護の負担が増すことを怖れて、介護度が高く判定されることをひそかに望んでいた自分を恥ずかしく思います。しかし、何とか介護の負担を軽くしたいと思う家族は、調査の際、介護を要しないと判定されたり、あるいは、要介護度を低く認定されては困ると思うわけです。

　先に父が入院した時、可能な限り長く入院していてほしいと願っていたと書きましたが、親が早くよくなることを願うべきなのに、心では裏腹にこんなことを考えてしまうことに罪悪感を持ってしまいました。罪悪感を持ち、自分を責めることは、介護を苦しいものにする一つの要因であるといえるでしょう。

　調査の基準も問題で、足腰がしっかりしていて何の不自由もなく歩け、身体の病気もなくても、また生活の多くの面で自立できていても、認知症が加わると、介護は困難なものになります。徘徊という言葉を私は好みませんが、外に出たきり家に戻れなくなって、家族が思いもよらなかった遠くの場所で保護されるということがあります。電車などに乗るということもあるからですし、徒歩だけの場合も驚くほどの距離を移動することがあります。途中、交通事故に巻き込まれることもあります。ですから、外に出て道に迷う親の場合は、元気であればあるほど目が離せないことになってしまいます。もちろん、寝たきりの人の介護が楽であるといっているのではありません。私がいいたいのは、介護がどれだけ大変かは他の人のケースとは比べることができないということです。大変でない介護は本来的にはありません。

父は入院中にアルツハイマー型の認知症という診断を受けましたが、病名が何かがわかっても、それだけでは家族にとって退院後の介護にあまり助けにも救いにもなりません。退院した後、具体的に父にどう接すればいいかということについては医師から詳しい説明を聞けなかったからです。そういうことは医師の仕事ではないのかもしれませんが、どうすればいいかという明確な指針を得たいと私は思いました。医師が診断はしてもそれ以上のことについてあまり多くを語らないのは、認知症の症状はパターン化されないのが特徴であり、したがって、対処法も一般的に示すことが困難であるからかもしれません。

この点、後に訪問看護の話をしますが、訪問看護師に指示書を書く医師、定期的に父の往診をしてもらった医師は、認知症は一般化することがむずかしいという限界の中ではあっても、生活の場面で認知症がどんなふうに現れるかについて具体的な知識があって、教えられることが多くありました。

退院時、アリセプトという、認知症を改善はしないが、症状の進行を遅らせる薬があることを教えられ、どうするかたずねられましたが、こんなふうに切り出されたらいらないと断る人はないでしょう。認知症の症状を遅らせることができても治癒するわけではないという医師の説明は、退院した後の生活のことを思うと、暗澹たる気持ちにさせるに十分でした。父が認知症であるという告知がされた時の気持ちは、母が脳梗塞と診断され、後に回復の見込みがないと主治医から告げられた時とは違いました。母の場合は間近に迫った死を受け入れる準備をするようにいわれ、医師の説明によって覚悟ができたのでした。しかし、たちまち死に至るわけではなくても、よくはならないと予想することは、あるいは、後に見ますが、たちまち死に至らなくても親の死を待っているような状況の中で介護を、しかもいつまで続くかわからない介護を続けることを予想することが私を大いに不安にさせました。

病名がはっきりすることにはメリットがあります。医療サイドでいえば、治療法を決めることができます。認知症にもいろいろな種類があって、誤診し、誤った対処をすればよくなるものもならないということがあります。

介護する側にもメリットがあります。認知症でなくても、熱が出たり頭痛が起こった時に、それが原因不明ではなく、どんな病気から由来するものであるかがわかれば、徒に心配する必要はなくなります。もとより、治療が困難であることが明らかになれば、いよいよ不安になるでしょうが、原因がわからないよりははるかに気持ちは楽になります。

また、認知症であると診断されれば、それまではただ困った行動をするとしか見えなかった親を違ったふうに見ることができます。親の不可解な行動が実は認知症によるものであることがわかれば、そのことで親の行動が改善したり減るわけではないとしても、親を許せる気になります。実際には病気だからと思ってみても、簡単には割り切れませんから、全面的に許せるとは思えないかもしれませんが。

しかし、どんな病気に由来するのであれ、症状が問題であることに変わりません。それでは、症状が脳の病変によるのであれば、家族は何もできず、親の行動をただ手をこまねいて見ているしかないのでしょうか。家族にも何かできることがないか考えてみなければなりません。

他方、先に大変でない介護は本来的にはないと書いたのですが、まわりからは親を介護することがどれほど大変そうに見えても、大変だというようなことをいわずに介護をしている人があるというのも本当なのです。親の状態が目下どうであれ、介護の大変さを計る客観的な尺度はなく、他の人の介護と比べることはできませんから、大変ではない介護はないということを誰にも遠慮することなく認めてもいいと思います。

しかし、本書で私が書いてみたいのは、たしかに介護は大変であり、そのことをあえて否定しようとは思いませんが、それでも、少しでも介護する家族の負担を軽くするためにはどうすればいいいかということです。親を介護するという現実の中で、親の言動を理解して適切に対処すれば、親とのトラブルを回避することができます。そのために必要な気構えにも言及します。親の介護をどんなふうに受け止めるか、親をどう見るかによって、たとえ日々起こることが同じであっても介護の負担を軽く感じることができます。認知症の場合に限らず、高齢の親に接する時に子どもの立場でどんなふうに親子の関係を築けばいいかを知れば、親との関係をよくすることができます。たとえ医師が認知症は治癒しないといっても、関係をよくすることは認知症の改善（それがどういう意味かはこれからの問題ですが）に有用なのです。

介護は決して楽ではありませんが、大変だとばかりいっていても現状を乗り切ることはむずかしいと思います。避けることができないのなら向き合うしかありません。しかし、だからといって、悲愴な気持ちで介護に臨まなくてはならないわけではありません。また、親の介護をしている今のこの人生こそが現実であって、それが終わらなければ本当の人生は始まらないわけではありません。どんなふうに考えていけばいいか少しずつ考えていきましょう。

家族の介護への影響

カウンセリングに最初子どものことでこられる人が、やがてパートナーとの関係、義父母との関係こそが解決しなければならない問題であると思い当たるということがあります。親をどれほど煩わせた子どもも、やがて必ず親から自立します。極端な話をすれば、何か問題があっても、パートナーとは別れることも不可能ではありません。義父母との関係もしばしばカウンセリングのテーマになりますが、義父母は他人なのですから対人関係には最初から距離があります。

しかし、実の親との関係は、他の人との関係が改善してもなお残ることになります。小さい時から生活をずっと共にしてきた親との関係は、他の人とよりも関係は近く、その分こじれると修復はむずかしいのです。

以上は、関係全般についてのことですが、介護についていえば、無論、義父母の介護も実の親の介護も大変であることは本当です。私の母は、仕事を辞め、義母（私にとっては祖母）の介護を長くしていました。まだ子どもだった私は、その時の母の苦労について聞かされたことはありませんでした。階段から転落し、頭の神経が切れたというような説明を受けたことを覚えていますが、祖母は今から思うとおそらく認知症だったと思います。

祖母は寝たきりで部屋から出てくることはありませんでした。そのため祖母の姿を長く見ることはなく、それどころか、祖母の部屋に入ることが怖かったのでした。私は祖母が寝たきりになる前は祖母に甘やかされて育ちましたから、私の知らない祖母になっているのではないかと考え、その事実を受け入れたくなかったのかもしれません。祖母はそのまま家で亡くなりました。父の介護をするようになってようやくその頃の母の苦労がわかり、内心忸怩たるものがあります。

親が元気なうちはいいのですが、介護が必要になった時、子どもは親から離れ生活を別にしていても、親を見捨てるわけにはいきません。介護のために親と同居することになることも多いでしょう。そうなった時、それまでの家族関係は変わらないわけにいきません。

祖父母のイメージを高校生にたずねたら、「家族、あるいは、両親のあいだをおかしくするひと」と答える生徒が増えたという話を鷲田清一が伝えています（鷲田清一『噛みきれない想い』一七五頁）。

私の父の場合は同居はしませんでしたが、近くに戻ってきたので、私が昼間父の家に介護のために通いました。休みの日は妻も介護のため家にいなくなりますから、それだけでも十分家族関係に影響を及ぼすことになりました。娘は、父が戻ってきて、父の介護をしなければならなくなったことについて一切不平をいうことはありませんでしたが、私と妻がそれまで離れて暮らしていたのでほとんど話題にならなかった父のことを話しているのを娘は聞いているでしょうし、私が疲れていらいらすることがあることも知っているはずなのです。

しかし、〈親が〉「両親のあいだをおかしくする」わけではありません。親が関係をおかしくすると考えることができれば話は簡単です。夫婦が親のことでもめても、そのことを親のせいにすることができるからです。しかし、親が介護を必要とするようになることは、家族関係に影響を及ぼさないわけにはいきませんが、実際は、そのことが〈必ず〉関係を悪くするわけではありません。親が介護を必要とすることになったことは、家族関係がそれまでとは違ったものになることのきっかけにしかすぎません。反対にそのために生じた新しい変化によって、家族関係がよくなるということもあります。

例えば、夫婦の関係が本来親を介護する以前からよくなくて、関係の解消を片方、あるいは、双方が望んでいるという場合、親を介護しなければならなくなり、そのことを家族が負担に感じるという状況が、夫婦の関係の解消のための理由として必要になるのです。そのような場合は、介護を夫婦の側の事情によって大変なものにしなければならないことになります。

介護のむずかしさ

しかし、介護を大変なものにしなければならない理由がなくても、家族関係は親が介護を必要とすることで多かれ少なかれ影響を及ぼされ、介護に関わる人の人生を変えてしまうことはあります。

私は、今一番仕事ができる年齢なのに、現役を二十年も前に退いた親のために介護をしなければならないことを理不尽なことに思ってしまいました。私の場合は、最初に書いたように、父が戻ってくる前に心筋梗塞で倒れ、そのため長く外での仕事から離れていましたが、元気になったので以前のように働けるかと思っていた矢先だったので、なおさらそう思ったのでした。親を介護しても、当然のことながら介護は仕事ではありませんから、どこからも報酬は出ません。家事に報酬が出ないのと同じです。義理の親を介護することを当然のように夫から求められた妻がそのことを不満に思い、時に「介護離婚」という事態に及ぶこともあります。親が介護を必要とするようになったので、親の介護をしてくれと夫から当然のことのようにいわれても、そのことを受け入れられない妻がいてもおかしくはありません。

ある日のテレビの番組でうつ病のことが取り上げられていました。その番組では「喪失体験」という言葉が使われていました。ある女優さんが、脳梗塞で倒れた夫の介護をするために仕事を辞めることを余儀なくされ、そのことが病気の引き金になったということでした。親の介護に疲れて自死を選んだり、親を子どもが殺めるということが時折、報道されます。このような報道に接した時にいつまでも心から離れないのは、自分もまた同じことをする可能性がまったくないとはいいきれないからです。

長年連れ添ったパートナーの介護と親の介護では違うように思います。青山光二が九十歳の時に書いた『吾妹子哀し』というアルツハイマー型認知症の妻が描かれている小説があります。これは介護が主題というより、秀逸の恋愛小説といえます。

記憶をなくしたはずの、失禁、徘徊を繰り返す妻がある日不意打ちのように口にした言葉から、妻の介護をする夫の杉圭介は、二人の若き日の愛の思いを蘇らせます。

「そういえば、わたしの名前、何ていうんだったかしら」

「困りましたねえ。何ていうお名前でしたかねえ」

「でも、名前なんか要らない」

「わたしという人は、杉圭介という人の中に含まれてるんですから」
「哲学者みたいなことを云うね」
「あなた、たしか哲学者だったのよね」（青山光二『吾妹子哀し』二一四頁）
私はこの小説を読んで、このような夫婦間の介護ケースであれば、介護はまだしも抵抗は少ないのかもしれないと思いました。もちろん、夫婦間の介護が楽という意味ではありません。夫婦が年老いて強い絆で結ばれているならいざ知らず、その関係が危機に瀕しているような場合であれば、介護はつらいものになるでしょう。

子どもが親を介護する場合には、子どもが親を好きであるとか、尊敬しているとは限りません。そうであれば、親を介護するどころか、顔も会わせたくない、同じ空間の中にいたくないというようなこともありえるわけです。

ですから、親のことを愛してやまないという人でなければ、介護への抵抗は強いものになるでしょう。しかも、上野千鶴子が指摘しているのですが、かつてはパワーを持っていた親が介護を必要とする無力な存在になるという変化を心理的に受け入れられないということもあります（上野千鶴子『老いる準備』八九〜九〇頁）。

子どもにしてみれば、親との葛藤に満ちた苦難の日々を親がまったく覚えていないということは許し難いことに思えることもあるでしょう。親を大切に思い、介護を必要とするようになる前から親といい関係を築いてきたという場合と、解決すべき問題を残したまま親の介護を余儀なくされるという場合では介護の負担は違ったものになると思います。後に書くことを少し先取りするならば、それまでの親子の関係がどんなものであっても、それまでのことはなかったことにするしかありませんが、簡単なことではないと考える人も多いと思います。

親が意識から離れない

父が元気で一人で問題なく暮らしていると思っていた時は、私のほうから父に電話をすることはあまりありませんでした。父のことが意識に上ることもありませんでした。ところが、父が介護を必要とするようになると事態は一変し、父のことを常に意識していなければならないことになり、そのことが介護をつらいものにさせました。

昼間はもっぱら私が行って食事の世話などをするのですが、夜は一人でした。食後、父が寝るのを確認した上で帰るわけですが、問題はいつもそれから後、朝までの間に起こりました。私が行くのは大体早い時で七時半、遅くとも八時でしたが、父はそれよりも早い時間に起きていたのです。

父はエアコンの設定が自分ではできないようになったので、ある日、コントローラーに手が届かないようにして帰ったところ、夜中に寒くなったとテーブルに乗って高い所にあったコンセントを抜いてしまったことがありました。テーブルに乗るなどとんでもない話で、昼間あれほど転倒しないように注意していたことがまったく意味がないと思いました。また、夜中にあちらこちらの引き出しを開け、中からいろいろなものを取り出したりしました。それをそのままにしたまま再び寝てしまいました。しかし、そのようなことも私が父のところへ行く頃には何も覚えていませんでした。こんなことがたびたびあるので、今頃、何をしているだろうかと夜帰ってからもいつも気になってしかたがありませんでした。

朝行くと、大抵、まだ寝ていました。一度一人で起きて着替えをして、もう一度寝ることが多かったです。テレビは大音量でついたままでした。父のところへ行ってすぐにテレビの音が父の部屋から聞こえると安心なのですが、玄関の戸を開けてもいつものようにテレビの音が聞こえずひっそりとしていると、父の部屋の戸を開けるのが怖かったです。熟睡していると息をしているか心配になったものです。胸が動いているのを確認するとほっとしましたが、この時の緊張感が耐え難いもので、休みの日に妻が朝一緒にきてくれると、心配が半減するような思いでした。

想定していなかったことをあれこれしていた時にはイライラし、どうしてこんなことをしたのかと子どもには感じたことのない怒りを持ったこともしばしばありました。しかし、そのことを後から持ち出しても何も覚えていないわけですから、意味はありませんでした。

寝られない

朝、必ず父のところへ行かなければならないということも大変です。行かなければ父は食事ができないので、今日は疲れているからといって行かないというわけにはいきません。夏の暑い日も冬の寒い日も、お盆も正月も父には関係がありません。祭日の感覚は父にはありませんでしたから、私も同じように休みだからといってくつろぐこともできませんでした。

アラームをかけないで寝たいといつも思い続けていました。ヘルパーさんらに任せていったん帰宅できる時には、疲れているので寝ることがありましたが、アラームをセットして一時間後には起きなければならないのはつらかったです。

親と同居している人は、夜中にトイレに立つ音がするだけで目が覚めるといいます。私の場合は、夜は父を一人にできたので、いつ何時、危険な目にあうかわからないと思うと夜も気が休まることはありませんでしたが、父がトイレに立つ気配で目を覚ますということがなかったのはよかったといえます。

しかし、施設への入所が決まってすぐに、父は腰椎圧迫骨折で入院することになりました。夜中に転倒したようなのです。決して、骨折することがないようにと神経質なまでに気をつけていたかいがなかった思いがしたものでした。

なぜ一人でかかえこむのか

親の介護をめぐって起こる事件の報道に接すると、なぜ介護を一人でかかえこんだのか、他に介護を代われる人はいなかったのだろうかといつも思います。実際には、短い時間ならともかく、「事実上」介護を代われない状況にあったのだろうと今はわかります。介護を代わることが可能であるということと、実際に代わるということとは違います。子どもが小さかった頃、義母が助けが必要な時はいつでも行くからといつもいってくれました。幸い、子どもたちが急に熱を出すというようなことはほとんどありませんでしたが、いざ子どもが病気になり、それなのに私が仕事で出かけなければならず、今こそ子どもを見てもらおうと思って連絡してみても、仕事を持っている義母にきてもらうことはかないませんでした。こんなことが一度でもあると、義母には頼れないのだと当てにはしないようにしようと思ってしまいました。

もっと他の人に助けを求めたらいいではないかと誰もがいいます。本当にそのとおりです。しかし、そうできたらいいと思ってみても、現実には、他の人が代われないことはあります。子どもはあなただけではないでしょう。他にきょうだいがいるでしょう。そんなふうにまわりの人はいいます。しかし、実際には、子どもが皆同じように介護ができるわけではありません。親と離れて暮らしていれば介護することは困難です。海外に赴任中というようなことであれば、どうしても親の介護をすることはできません。介護ができない理由を探すのはＰＴＡの役員選挙の時のようです。役員を引き受けられない理由を見つけられない人は役員をすることになりますが、それでも通常一年で御役ご免になりますが、介護はそういうわけにはいきません。

父よりももっと大変なケースがあるではないかと思うことも、介護を一人でかかえこませることにさせます。私は、昼間は目が離せないといっても、夜は一人でいられるではないかとか、寝たきりではないから、これくらいのことで介護が大変だといったら、もっと大変な介護をしている人はどう思うだろうかなどと考えてしまったのです。また、食事も自分では作れませんが、用意さえすれば介助なしに食べられるではないかとも思いました。こんなふうに思うと、これくらいで音をあげてはいけないと思ってしまいました。

しかし、先にも見たように、実際には、要介護の度合いに関わりなく、介護はいかなる場合も大変なのです。そのことを率直に認めていいと思います。介護においては他の人と比較することは意味がありません。いずれの場合も固有の大変さがあるからであり、介護認定の調査や、施設の入所時にするように、要介護度を点数で表せるわけはありません。

そんな中、主たる介護者になった人は、やっぱり自分しかいないと思って、介護を一人でかかえこむことになるのです。上野千鶴子は、「意地介護」という言葉を使っています。

「意地でやる介護であればあるほど、完璧に一生懸命やろうとして自分で自分の負担を大きくする傾向があるようだ」（上野千鶴子『老いる準備』八六頁）

上野は、女性は「嫁」の立場でこの意地介護をして自分を縛っているのに、自分の親の介護の時にはむきにならないといっていますが、私は息子なのに意地で父の介護をしていたというところがなかったとはいえませんから、性別や立場を超えて「意地」介護をする人はあるといえるかもしれません。

介護サービスを利用したり、施設に親を預けることにはたしかにお金がかかります。また、自分が見たほうが他人が見るよりいいと考える人もありますが、長期的に見れば大変です。子どもは三歳までは預けずに親が見るべきだという考えが今なおあるのとよく似た状況のように私には思えます。

しかし、介護が大変であること、そのことを私も身にしみて経験しましたから、あえて厳しいことをいうことを許してください。意地で介護をするのであっても、親の介護ができればいいのですが、親の介護を一人でかかえこんでしまい、自分ではどうすることもできなくなり、追い詰められてしまって、介護を結局のところ放棄することになってしまうことは、無責任のそしりを免れません。そんな形で介護を投げ出すことになる前に、他者に介護をすべてではなくても一部でも任せること、また介護サービスを利用することを検討してほしいのです。

なぜ介護は大変だというのか

意地介護や介護のつらさを訴えること、さらに最終的に介護を投げ出してしまうような無理な介護になるのは、介護者が自分のことしか考えていないからです。急に厳しいことを書いたので驚かれるかもしれませんが、介護は大変だという一般的な考えを超えるために、普通にいわれていることとは違ったふうに考えることがどうしても必要なのです。

介護のつらさを訴えるのにはわけがあります。一つは先にも書いたように、そうすることで夫婦が関係を続けていくことを困難にするためです。そのために、実際の介護がどのようであるかにかかわりなく、介護が大変であることを持ち出して相手を責めることによって関係を悪化させることを試みるのです。

また、親にこれだけのことをしているのに、親はそれで満足しないで不満ばかりいうという人は、世間に向かって親が悪いといっているようなものです。これでは親との関係をよくすることはできないでしょう。過去のいきさつはともかく、介護をつらいものにしないためには、親との関係がいいことが必要です。楽になることはなくても、せめて介護をつらいものにしないことが必要です。

そのためには、どうするかはこれから考えていきますが、今、私はこんなふうに考えています。たしかに親の介護は自分が当事者ではなく傍で見ている何倍も大変なことではありますが、介護を回避することができないのであれば、逃げようとしないで親の介護をするという現実に直面し、できることなら、楽に、楽しく介護をしたいのです。しかしそれでいて親に子どもの側の都合を押しつけたり、不自由や不便を強いることがあってはいけません。どうすればいいのかという考察に先立って次章では、認知症とは一体どのような病気なのかを見てみます。

第二章　認知症の理解

記憶が消えるのではない

認知症というのは、簡単に説明すると、何か作業をする時に机の上のスペースが狭くなっている状態といえます。本を一冊広げるにも、既にそこに置いてある本を片付けなければなりません。スペースが狭くなると、目下、どうしても必要なものしか広げることができないので、さしあたっていらないものは片付けなければなりません。今し方のことでも忘れるというのは、作業できるスペースが極度に狭くなっているということです。

認知症の場合に限らず、何か一つのことに意識が向いていると、それ以外のことを忘れるということがあります。考え事をしている場合がそうですし、天ぷらを揚げている時に訪問者があって玄関で対応している間に、天ぷらを揚げていることを忘れてしまって出火するということがあります。

この忘れるということですが、父を見ていると、本当に忘れるわけではないようです。また、忘れるのではなく、もともと覚えていないのだという説明も適切ではありません。なぜなら、多くの場合、少し話をしてみると思い出せることがあるからです。ただそのようにして過去のことを思い出したとしても、それよりも優先するべきことがあれば、再び忘れてしまうように見えます。

作業領域の喩えがわかりにくければ、同時に複数のことができなくなるというふうに説明することもできます。コンピュータを使う時、複数のプログラムを同時に開いておいて、作業を切り替えることができます。この場合、プログラムを切り替えるだけであって、別のプログラムを使うためにそれまで使っていたプログラムを終了するわけではありません。複数のプログラムを閉じないで切り替えて使うことができれば作業は簡単ですが、別のプログラムを使う時に、いったんそれまで使っていたプログラムを終了しなければならないとしたら、めんどうでかつ時間がかかります。父の場合は、同時に複数のプログラムを立ち上げることができない状態に喩えることができます。

このように考えると、記憶をなくす、あるいは記憶が消えるというよりは、記憶が圧縮されるように見えます。そうすることで、作業領域に空きが作り出されます。しかし、記憶は消えたわけではなくただ圧縮されているだけですから、必要があれば、再び解凍することもできます。

このように作業領域が狭くなっていて、一度にたくさんのことを記憶して行動することがむずかしくなっているわけですから、毎日の生活に大きな変化がないようにすることが重要です。

ここでいう変化というのは、例えば四月になれば天候のよい日にお花見に行くというようなことではなくて、例えば、父の場合ですと、前に住んでいたところから引っ越したことや、入院したことのような生活の大きな変化のことです。もちろん、やむなく入院するわけですし、介護の必要から新しい土地に移ることが必要になることもありますから、変化がないようにすることは実際にはできません。少なくとも、環境の変化によって多かれ少なかれ親が混乱することがありうるということは知っておく必要があります。

これらのことは、父に新しい状況に適応するための知識を要求することになり、そのため、それまで覚えていたことも、急速に忘れることになりました。そうすることで病院での生活に慣れる必要があったわけですが、退院すると今度は、元の生活に適応するためにしばらく時間がかかりました。父が退院した時に、こちらにくる時に一緒にいた犬のことを忘れていたことも同じように説明できます。入院している間は病院で生活できるように、家にいた時の記憶は、一時圧縮して脇にのけておかなければならなかったのです。退院後は、病院のことを忘れて、以前のことを思い出せばいいのです。実際、退院して一月ほどして入院していた病院に診察に行った時には、入院していたことをすっかり忘れていました。

認知症とは何かという説明を求めて、本などを調べると、知的な機能が脳の器質的な障害によって低下していき、日常生活や社会生活を営むことが困難になるというふうに説明されています。

このような知的な機能低下、認知機能の低下は、脳の器質的な障害が基盤にあります。実際、脳全体、及び、海馬が萎縮していることがＣＴやＭＲＩなどの画像診断によってわかります。認知症は脳の器質的障害が基盤にあるので、不可逆的、つまり治らないとされてきましたが、最近は、回復するケースもあることがわかってきています。この病気についてはまだまだわからないことが多いのです。

認知症は、後に説明するような記憶障害、見当識障害などの症状の集まりであり、一般化されず、対処方法も人によって違うのが特色です。記憶障害、見当識障害といった症状があっても別の病気であることはあります。その細かい区別は本書では十分扱うことはできません。

父の場合はＭＲＩによる診断などでアルツハイマー型の認知症という診断を受けましたが、脳梗塞の跡も見られ、脳血管障害による認知症である可能性は排除できないと私は見ていますが、この診断については専門家に委ねるしかありません。幻視を起こすことがあるレビー小体型の認知症は、アルツハイマー型の認知症とは治療法が違います。

中核症状

認知症の症状は、中核症状と周辺症状に分けられます。

この中核症状には廃用症候群が含まれています。医学的にはそれほど機能が低下しているわけではないのに、使わないために機能低下が起こっている場合です。ちょうど脳梗塞などの麻痺のために寝てばかりの生活が続くと筋力が衰えるのと同じで、一人で暮らしていると人と交わることが少なくなり、そのため認知障害がひどくなるというのです。この点については、後に問題にしますが、デイケアなどを利用し、人との関わりが増えると、症状が改善することがあります。

これ以外の中核症状は、記憶障害や見当識障害です。

記憶障害

父についていえば、振り返ればずいぶんと前から物忘れがひどいということを訴えていましたが、本人も私もそれを年がいけば誰もが多かれ少なかれ物忘れはひどくなるものだくらいにしか見ていませんでした。

物忘れについていえば、そのことが生活上の支障をきたすことを本人が自覚し、それに対して何らかの対処をするのなら病気ではないというふうに説明されます。「病識」（自分が病気だと自覚すること）があるというふうにいいます。

父が物忘れが激しくなったといいだしたのはかなり前からのことです。そんな父に対して私は「でも忘れていることに気がつくのだったらいいね」といっていました。父も、「そうだ。でもひょっとしたら、私だけが気がついていないで忘れていることがあるかもしれない。それが怖い」といっていました。

自分が何を知っていて、何を知らないかということについての記憶を「メタ記憶」といいます（小澤勲『認知症とは何か』四〇頁)。認知症は、このメタ記憶に問題が起こります。何かを忘れたということ、忘れてしまったことを思い出せないということすら意識に昇らないのです。そうなると、記憶障害があっても、以前の父のような危機感はないことになります。

こちらに戻ってきてからも物忘れについての訴えはありましたが、忘れることについて困ったものだとはいっても、忘れないために、例えばノートにメモを書くことを強く促さなければ、そうすることを習慣にすることはできませんでした。しかし、父自身が必要を感じて強い意志をもって書き始めたわけではなかったので、ノートを書こうとしたことを早くも次の日には忘れてしまうのでした。

父を見ていると、たしかに物忘れはひどく、今し方いったこと、したことも忘れてしまいますが、それでもよく見ていると、記憶、忘却はまったく無原則ではありません。

記憶は、何か出来事や知識を覚えること(記銘)、それを忘れないで留めておくこと(保持)、留められた情報を取り出す、あるいは思い出すこと(再生、想起)に区分することができます。

父の場合、はっきりしているのは、つらいことや恥ずかしいことは忘れるということです。つらい記憶は、妻、つまり私の母を亡くしたことです。母が亡くなったのは、私が二十五歳の時であり、その時の父は今の私くらいの歳で五十代半ばだったのですから、母を亡くしてからの人生のほうが長いわけです。父が母と四半世紀共に暮らし、私と妹も生まれ育った家に戻ってきた時、母のことをまったく覚えていませんでした。

よくいわれるように最近のことは覚えていなくても、昔のことはよく覚えているというのは間違いだと思いました。戦争中のことは覚えていますから、母が亡くなった頃のことは父にとってはまだ「昔」ではないというふうに見ることもできるわけですが。父にとって若くして亡くなった母のことを思い出すのはつらいことなのでしょう。もちろん、母と暮らしたことが先の区分でいえば記銘されていないわけではありません。しかし、想起、再生の点で何を思い出すかという選択機能が働いているように見えます。最近のことについても、よく記銘もないのだから思い出すこともないといわれることがありますが、それも父を見る限りでは違うように思います。

父が忘れるもう一つのことは、父が恥ずかしいと感じたであろうことです。父は排便が困難で、週に二度の訪問看護の際、浣腸してもらっていましたが、看護師さんに時間をかけて浣腸や清拭などをしてもらっても、そのことをすぐに忘れてしまいます。その間、父は眠っているわけではなく、看護師さんと話をしているのですが、そのことも忘れてしまいます。看護師さんが帰った後、父はそのまま寝てしまいます。昼食前になると大抵起こさなくても起きてくるのですが、その時にはもう看護師さんがこられたこと、浣腸のことは何一つ覚えていないのです。看護師さんの訪問のことをいっても、父はただ「そうか、知らん」としか答えません。「浣腸するのが一番つらい時だ」と父が看護師さんに話しているのを聞いたことがあります。父は思い出せないのではなく、思い出したくないのです。

ある日、父にしてはめずらしく少しお腹が緩く、自然排便をしました。その時は、私がいたので、私が排便後手を貸したのですが、看護師さんのする浣腸のことは忘れる父が、そのことは覚えていたのです。息子の手を借りることはプライドの高い父にとっては耐え難いことでしょうから忘れるだろうと思っていたのですが、その日父は「少しお腹が緩いようなので、夕食を食べない」といいだしたのでした。看護師さんの手を煩わすことは忘れられるけれども、私の手を借りたことは私が帰る夕方になっても忘れないでいたのでした。なぜ忘れなかったかはわかりませんが、私の手を借りたくないと思い、そのために夕食を食べないといったのではないかと推測できます。

父の論理はこのように筋が通っていないわけではありません。記憶「障害」といっていいのかはむずかしいところです。

忘れるのではなく、過去が変わる

以上のことは認知症を患った人だけのことではありません。人は誰でも意味づけした世界に生きているのです。すべてのものを認知し、記憶しているわけではなく、自分にとって意味があるものだけを認知し、記憶し、さらに忘れるということです。時にはその意味づけは強引で、見えているはずなのに、自分の解釈に一致しないことを見えないことにすることすらあります。

遠い過去のことでも、直近の過去のことでも、何を思い出し、何を思い出さないかは、今のこの世界や自分をどんなふうに見ているかによって自分で決めています。この世界を怖いところと見て、まわりの人が怖いと思っている人は、そのような考えを裏付けるような出来事しか思い出さないのです。

父がもはや一人では暮らせないようなので父と今後の生活をどうするか話をするために、父の家に行った日のことをよく覚えています。髪の毛が真っ白で背中を曲げて足元も覚束ない父は、かつての力のある父とは別人のように見えました。

その父に私は子どもの頃殴られたことがあります。一体、何をいって父を怒らせたかを私は覚えていないのですが、怖くて机の下に逃げ込んだところ、引っ張り出されてもう一度殴られました。このような父のことをその後私はずっと怖いと思い、父を避けるようになりました。

困ったことにこの出来事には目撃者がないのです。父もおそらく覚えていませんから、そうなると本当にこんなことがあったのかどうかも疑わしいのです。

それでも私が父に殴られたという記憶を長く忘れることができなかったのは、こんなことがあったから父のことを嫌いになってそれ以来父を避けるようになったのではなく、私が父との関係を持ちたくないので、父に殴られたことを理由にして、この時のことを折に触れて思い出していたというのが本当のところです。

過去も変わります。起きた出来事はなかったことにはできないとしても、その出来事についての意味づけが変われば、過去が変わったといっても間違いありません。ある男性は、子どもの頃犬に咬まれたことを思い出しました。一緒にいた他の友達は向こうからやってくる犬を見るとすぐに逃げたので無事でしたが、日頃、野良犬（今はもう使われない言葉かもしれません。一匹でさまよう犬のことですが、以前は放し飼いの犬も多かったです）は逃げたら追いかけてくるから、逃げないでじっとしてなさいという母親の言葉を思い出して守ったために、犬に足を咬まれてしまったのでした。

その後、彼はこの世界は危険なところだという思いにとらわれ、例えばエイズについての記事を新聞で読めば、たちまち感染しているのではないかと疑い、外を歩けば飛行機が墜落してくるのではないかと怖れました。

しかし、犬に咬まれたから、この人が世界は危険なところであるとか、母親に代表される他の人の言葉を信じてはいけないと考えるようになったのではなく、世界が危険なところであり、人はうかうかしていたら自分を陥れる怖い存在だというふうに〈今〉思っていたので、過去の無数にあるはずの記憶の中から、そのような見方を裏付けるような出来事を思い出したというのが本当のところです。

反対に、もしもこの人が〈今〉世界や他者についての見方を変えることができれば、この人は違う話をするでしょう。ところで先に引いた話は、犬に足を咬まれたところで終わっているのですが、もしもこの話の全体がフィクションでなければ、現実の世界では話が犬に咬まれたところで終わるはずはありません。それなのにその後起こったことは思い出せなかったのです。

ある日、この人が「忘れていたことを思い出しました」とそのまさに話の続きを語ってくれました。犬に咬まれて泣いていたら、自転車に乗った見知らぬおじさんが医者のところに連れて行ってくれたというのです。この話が付け加わると話はすっかり違ったものになるのがおわかりでしょう。犬に咬まれたという事実は動かせなくても、一連の出来事の意味づけが変わってしまうわけです。

つまり、たとえ怖い目にあっても自分を助けてくれる人がいる……世界や他者への信頼感を見ることができます。なぜこんな変化が起きたかといえば、この人の見方が変わったからです。世界は危険なところではない、他者は自分を陥れる怖い人ではなく、必要があれば援助する用意がある仲間なのだと思えるようになったので、そのような見方を裏付けるような思い出を探す中で、先の場合と同じ出来事なのに、違う見方をし、かつ、すっかり別の意味づけを可能にする忘れていた話を思い出したというわけです。

こうなると過去も変わるといっていいくらいです。親は過去のことを忘れるように見えますが、今、親がちょうどこの犬に咬まれた続きを思い出せた人のように〈今〉もしもこの世界が危険なところではないということ、またまわりの人が自分を陥れるかもしれない敵であるとは思わず、味方であり、仲間であると思えれば、過去の無数ある記憶のうち、そのような見方に合致するような記憶だけが残ると考えることができます。

このような世界や他者についての見方に加えて、自分自身についても人は様々な見方をしています。どの人にも生きていくにあたってどうしても避けることができず、解決することが必要な課題（これを「人生の課題」と呼びます）があります。それは仕事の課題、交友の課題、愛の課題（家族とのつきあい、結婚）ですが、このもっぱら対人関係を内容とする課題を解決する能力が自分にはないと考える人があるのです。

人の悩みはすべてが対人関係の問題だといっても過言ではありません。それほどまでに対人関係はむずかしいのですが、人は一人でこの世界に生きているわけではありませんから、人との関わりを回避しようとすることでは問題は解決しません。

世界や他者についての見方と、自分について課題を解決できると見ているかどうかは結びついています。なぜなら、もしもまわりの人を敵だと思っていれば、その人と関わろうとはしないからです。この世界を危険なところで、他者を仲間ではなく敵と思っている人は、人と関わろうとしないためにそのように思っているのです。

過去の記憶が変わることと関連して、またこのようなことも考えておかなければなりません。他の道具であれば、気に入らなければ買い換えることができますが、この私という道具は他のものに換えるわけにはいかないということです。ですから、何とかして今の自分をそのまま受け入れたいのですが、自分のことを手放しで好きといえる人は多くはありません。

どんな時に自分をよしと思えるか、消極的ないい方をすれば、こんな自分でもいいところがあると思えるとしたら、自分が役立たずではなく誰かの役に立てていると思える時ではないでしょうか。ところで、まわりの人を敵と思っている限りは役に立とうとは思わないでしょう。

親についても、もしも親が若い頃にそのように思えないままに歳を重ねてきたとしても、適切な援助をすることで親の他者についての見方は変わります。その時、過去の記憶は先に見た人の場合と同じく変わります。この変化は、子どもから見れば、単に忘れたとしか思えないかもしれませんが、実際には自分と他者や世界についての見方が変わったので、世界は危険な場所ではなく他者は仲間であると思えるようになった親は、そのような見方に合致しない過去の出来事を〈今〉思い出す必要がなくなったわけです。

どうすれば親がこのように思えるような援助ができるかはこれからの話ですが、予告的にいうならば、若い時と違って身体が思うようには動かず、記憶力をはじめいろいろな能力が衰えたその時もなお他者に役立っていると感じられるように援助することができます。

濾過器

哲学者の鶴見俊輔は耄碌《もうろく》は濾過器だといっています（KAWADE道の手帖『鶴見俊輔　いつも新

しい思想家』七五頁)。父が母と暮らしたことを父が覚えていないということになると、これは適切に濾過がされていないということだとまわりは判断し、これを記憶障害といい、認知症という病名で括ってしまいますが、父がつらい思いをしたくないと判断して、母のことを思い出さないというのであれば、母のことを覚えていないというのは筋が通っているといえます。

母と暮らしたことはまわりから見れば普通は忘れるはずはないだろうと思ってしまうのですが、重要なことであっても忘れるのは、そのほうが自分にとってためになるという意味で「よい」ことだという判断を父がしているのであり、そのことをただちに病気と見ることはできないと考えることもできます。

つらいことを容易に忘れることができれば生きることはたやすいともいえます。実際には、どんなにつらいことであってもなかなか忘れることができません。いつまでも忘れることができなければ、生きることは苦しいものになります。その意味では、つらいことを忘れられることは、認知症のもたらす恵みとすらいえるかもしれません。

認知症といえば忘れることばかりに注意が向いてしまいますが、濾過されない記憶があるはずです。昔のことはよく覚えているというのは、脳の障害というだけではなく、その頃のことは覚えていたいということもあるのだろうと父と話していて思います。

父は今でも何らかの意味で必要なことであれば思い出すことができます。それは今、楽しい気持ちでいるためです。父は最近はよく「前の家」のことを思い出します。よく聞けば、それは父が子どもの頃から結婚するまで暮らした家のことでした。「あの家はどうなっているのか」とたずねるので、「もう今はない」というと悲しそうな顔をしますが、その家のことや辺りの様子のことは驚くほど詳細に覚えています。父はその当時のことなら思い出してもいいと思っているのでしょう。あんな時代もあったと思い出せる日々があることは父にとって幸福なことだと思います。

短期記憶と長期記憶

これは時間軸に基づく記憶の区分です。短期記憶は一、二分程度の記憶で、短期記憶と長期記憶の中間に、数分から数日の記憶である近似記憶を立てることもあります。父の場合は、先に書いたように、訪問看護師さんやヘルパーさんのことを覚えることができません。ヘルパーさんは掃除をし、食事の用意もし、食事中には話もするのですが、一時間半から二時間の訪問のことを、ヘルパーさんが挨拶して帰られた直後に忘れてしまいます。

長期記憶は近時記憶を超える、時間を隔てた記憶です。認知症発症以前の記憶は比較的保たれ、発症以後の記憶は障害を受けるとされますが、父の場合、母のことを覚えていないということからもわかるように、記憶の障害は、発症後の記憶に限らないように思います。

この長期記憶は陳述的記憶と非陳述的記憶に分けられます。前者はさらにエピソード記憶と意味記憶に分けられます。いつ、どこで、何をしたかということについての記憶がエピソード記憶ですが、この記憶障害から認知症が始まることが多いとされます。

他方、単語の意味、事実、概念に関する記憶、例えば、鍵、または鍵という言語を示してその用途などを問うた時に、それに正しく答えられれば、意味記憶は保持されているといえます。

非陳述的記憶は、言語によらない、身体にしみこんだ記憶のことです。見事な包丁さばきで野菜を切ることができるとか、縫い物をするというようなことがこの記憶の例です。認知症があっても、この非陳述的記憶は残ります。父の場合は、晩年始めた絵を描くことについてはこだわりがあって、デイサービスでやってきた塗り絵を見ると、単色で塗りつぶすのではなく、何種類もの色を使って綿密に塗り分けていました。

施設に入ってからは父が絵を描くことは長く知られてなかったのか、ある時、家族へのアンケートがあってその中に父が絵を描くということを書いたところ、絵を描く機会を持てるようになりました。塗り絵に留まらず、私が訪ねると写真を見て熱心に絵を描いている姿を見ることができるようになりました。私が撮った鳥の写真を持っていったところ、父は「むずかしそうだが、描けるだろう」と指で鳥の輪郭をなぞりました。絵の右下にローマ字の筆記体でサインがしてあるのを見たことがあります。家にいた時も絵を描いていましたが、その時よりもしっかりと描かれています。認知症の検査の時に描いた絵が稚拙だったことが信じられないくらいです。

また、体験の一部を忘れる良性健忘と、体験そのものを忘れる悪性健忘に分けることもあります。後者のようなケースでは記銘すらなく、だから思い出すこともないというふうに見られますが、先に見たように、父の場合は体験を思い出せないのであって、体験を初めから記憶していないわけではないようです。

夢の名残——一からやり直したい

「眠りについて人を安心させるものは、われわれが眠りのなかからまた出てくる、しかも前と変わらぬ状態で出てくる、という事実である。なぜなら、みた夢のなごりをそのままの形で眠りから持ち帰ることは、奇妙なことだが禁じられているのだから」（マルグリット・ユルスナール『ハドリアヌス帝の回想』二四頁）

父は覚醒時、夢のなごりを持ち帰ってくるのです。感情だけなら、誰も目覚めた時にその直前まで見ていた夢が喚起する感情を持ったままなのです。例えば、出かけたくない時には、出かけないという決心を後押しするために寝覚めの悪い夢を見ます。その際、夢のストーリーには大きな意味はありません。何か夢を見ていたけれど、どんな夢だったかは覚えてなくてもいいのです。いやな感情を創り出すためにだけ夢を見るからです。

ある日、父がいいました。

「夢を見ていた。夢か現実かわからない。本当にこの頃頭がおかしくなったのではないかと思う」

父は夢と現実を区別できないといいますが、普通は夢か現実かわからないということはありません。

「一体、どんな夢？」

「京都だと思う。私の家はもう二筋先を左にまわったところにあるのはわかってるのに、懇意にしていた電気屋さんの奥さんがわざわざ出てきて、様子がおかしい、送るから、と車を出してきたのだ……この家に帰ると、よく夢に出てくる人がいて、その人が誰かはわからない、横顔が少し見えるだけなのだが、ここはお前の家ではない、帰れというのだ」

父がこちらに帰ってから半年が過ぎた頃、ある日父はこんな話をしました。体調を壊し入院した後、退院した時には前にどこに住んでいたか忘れてしまいました。その後、少し落ち着いてきて、昔のことを少し思い出してきたといいました。

しかし、はたして忘れてしまったことを思い出すことが父にとって幸福なことなのかはにわかに判断できないのです。昨日、父と長く話していた時、こういいました。

「（夢の中で）『奥さんですか』とたずねる人があって、ちらっと顔を見たが、よくわからなかった」

母のことは覚えていないとは、「何とも寂しい限りだが」と父はいいます。そうはいうものの、だから何とか思い出したいとはいいません。むしろ、こんなことをいいました。

「忘れてしまったことはしかたがない」

そして、

「もういっそ過去のことはすべて忘れて、一からやり直したい」

ともいいました。

これは諦めではないでしょう。忘れても意味なく忘れたというわけではありません。父の立場で過去のことを覚えていないということに伴う怖れは、自分が今は忘れてしまったことについて、しかるべく自分がふるまえたかどうかを思うと怖いということだろうということは理解できます。

私は父が帰ってきた家で育ったわけですが、そのことも覚えていません。昔のことを聞かされても、前世の話を聞くような気持ちなのでしょう。前世であなたは誰々だったというような話を聞かされても、名前をあげられた人と自分には何の繋がりも感じられないでしょう。そのことを誰も証明することはできません。

今の人生のことであれば、たとえ記憶が失われ、過去のことをほとんど忘れたとしても、証人はいます。あるいは、自分では覚えていなくても、失われた過去の自分のことを知りたいと思うでしょう。

しかし、父は違うのです。母とこの家で暮らしていたといってみても、歴史の教科書を読む時のようです。教科書に記された出来事と年号、説明を読んでも、自分とは関わりがありませんから、たくましい想像力を働かせるのでなければ、何の感慨もわかないのと同じです。

証人について付言するならば、例えば、今となっては、私と父だけしか知らない出来事があります。子どもの頃、父の生まれ育った実家にいったことがあったのです。その時、私は家の中で蜂に刺されました。そのことを父は覚えていませんから、本当にそんなことがあったと私は断言はできなくなってしまったのでした。父は過去をなくしましたが、証人をなくした私も過去の一部をなくしてしまったといえます。親が過去を失うのを見ることがなぜつらいかというと、親の記憶の消失はただ親だけの問題ではなく、親と共に歩んだ歴史、そしてその中に生きた自分もまた消去されたような思いがするからです。

人とのつながりのために

後にも書きますが、父とたびたび諍いになることがありました。そのきっかけはいつも些細なことでしたが、いつまでもその時の不快な思いが尾を引きました。ところが父のほうはそんな諍いのことをいつもすぐに忘れてしまいます。過去の出来事の場合でも同じで、私がいつまでも忘れることができないでいることを父のほうは今となってはまったく覚えていません。

子どもにとっては重要な出来事なのに親が忘れてしまうのは、親が子どもといい関係でいたいからだと見ることができます。子どものほうは、こんなことがあったから親のことを今も許せなくて、親といい関係を築けないのではなくて、親といい関係にならないでおこうという決心がまずあって、その決心を後押しするような出来事を、過去の記憶の中から探し出してくるわけです。

親のほうは、子どもとの関係をふいにするわけにはいきませんから、過去において、あるいは、今し方一時的に不快なことがあってもそのことを忘れるのです。その忘れるということの目的は、子どもとの関係を続けることです。

親が過去のことを忘れることを子どもはこのように考えればいいので、親に、例えば、昨日はあんなふうに怒鳴られて悔しかったなどと親が忘れていることをわざわざ思い起こさせることはありません。子どもといい関係を築きたいのであれば、子どもと諍いをしなければよさそうなものですが、子どものほうも決して感情的にならないとはいえないわけですから、親を責めることはできません。

見当識障害

認知症の中核症状である記憶障害に並ぶもう一つの障害は、見当識障害と呼ばれています。これは、今がいつか、ここはどこか、この人は誰かについての認知に障害が起こることをいいます。

誰もが時空を旅することがあります。ぼんやりと物思いに耽っている時、自分が今いる場所のことを忘れてしまいます。しかし、人から声をかけられたら、自分だけの世界から共通の世界に瞬時に戻ることができます。また、夜中にふと目を覚ました時、自分が今どこにいるか一瞬わからなくなることがあっても、ほどなく、そうだった、今は出張中で、今夜はビジネスホテルに泊まっていたことを思い出せます。

ですから、一時的に混乱しても大事には至らないのですが、父にはこれがむずかしいように見えるのです。どこにいるかわからないのであれば、そのまま動かないでじっとしていたらいいようなものを父はその場を離れてしまいます。

最初にこのことが起こったのは入院している時で、部屋から外へ出て行ってしまい、元の部屋へは戻れなくなりました。たしかに病院は何度行ってもどこもかしこも同じ作りですから迷ってしまいます。父が夜中に部屋から外へ出れば迷ってしまうのはよくわかります。

父は戻ってくる前は妹の家の近くに住んでいましたが、その家のことはもとより、定年退職後、関連会社に勤めることになって、遠方で一人で暮らしていたこと、さらに先にも見たように、戻ってきた家がどこにあるのかもわかりませんでした。

また、一時的でしたが、妹が誰かがわからなくなったことがありました。ある日、妹がくることを予告しておいたので、父は妹と話をしていましたが、妹が席を外した時、父が「あれは誰なのか」と真顔でたずねたので驚いたものです。

父は私の妻が誰かよく理解できていません。そもそも父は私は結婚していないと思っているのです。週末、介護する妻のことは、「気立てのいい彼女」だと思っています。

いつか施設にいる父を訪ねると「おおめずらしい、久しぶり」と父はいいました。マンションを借りて家賃を払って一人で住んでいるといって私を驚かせました。ふと父がたずねました。「お前は結婚してるのか」「どうしてそんなこと聞くの?」「結婚してなかったら、私は死ねないと思ってたんだ」。結婚していると答えて、死なれても困ると一瞬答えに躊躇してしまいました。

私にとってはこのようなことや、先に見たような記憶障害は介護に当たってそれほど大きな問題にはなりませんでした。今し方食べたばかりの食事のことを忘れても、食べたことを指摘すると、父は素直に「そうか」といって、それ以上問題にはなりませんでした。空間的、あるいは地理的な、さらに時間的な見当識障害も問題ではありませんでした。私が受け入れるのに時間がかかったのは、今自分が置かれている状況について父が理解していないことでした。

私の父は、かつては私が大学院を終えても、なかなか就職しないのを見て怒っていたものですが、毎日父のところへ行き、昼間ずっと父と一緒にいても、そのことを何とも思わないのです。「また明日くる」といって帰る時も、「お願いします」といってくれるのですが、父がもはや一人では生活できないということ、そのため、食事の世話などを誰かがしなければならないということ、もっぱら私がその役目を果たし、そのために外での仕事を制限しているということはまったく理解できていないようです。

このようなことを理解することを父に求めてみてもしかたないとわかっていますし、介護をしていることを父に感謝されたいと思っているわけではありません。それでもなお自分の状況を正しく理解してほしいと思ってしまうのです。この肝腎なことがわかっていないことを知る時、たとえ常は今し方のことを忘れても何の問題もなく話せたとしても、父の病気が重いことに思い当たり嘆息することになるのです。

霧の外にある世界

父は大抵は霧の中にいるかのようであり、その霧の外に世界があることも知らないように見えます。常は夢の中に生きているように見えるのに、調子がいい時には、突如として眠りの世界から出てきます。そのように覚めた時には、途端に不安になります。通帳を持ってきてほしいというようなことを突然いいだします。

きっかけはあります。髪の毛が伸び、散髪に行こうと思った時、お金のことを思い出すのです。お金の管理ができなくなったことが一人で暮らすことを断念させる理由の一つだったので、こちらに戻ってからはお金の管理は私がしていましたから、通帳のことをたずねられると驚いてしまいました。身体の調子がよく、天気がよいと、「ちょっと散髪してくる」といいだすこともあります。貧血のためにすぐに息切れがしますから長い距離を歩くことはできませんし、どこで散髪ができるか父は知らないはずなのです。お金も持っていません。そのことを父に指摘すると初めて父はお金のことが意識に昇ります。

それでは、何もわからないほうがいいのかといえば、そうではないでしょう。常は自分の生活基盤について理解していず意識することはありませんが、一人では生活できず、お金の管理も何もできないという現実を知ることが父を苦しめます。そのような現実は知らないでいるのがよいことのように思えます。

しかし、苦しむのが人生です。苦しむことこそが人間らしいと思うのです。後に病気の回復の意味について考えますが、回復することで、本人は苦しみ、介護者は困惑することになるのですが、このようなことも回復の一種だと考えていいでしょう。

『作家が過去を失うとき』（ジョン・ベイリー）という本があります。哲学者であり、作家のアイリス・マードックの晩年を夫が語ったものです。アイリスを七十六歳頃からアルツハイマーが襲います。

「アルツハイマーは、ひそかに忍びよる霧のように知らぬ間に周りのすべてを消し去るまで、ほとんど気づかれない病気だ。その後、霧の外に世界が存在しているなど信じられなくなる」（ジョン・ベイリー『作家が過去を失うとき』一七五頁）

脳の働きに強い刺激を与えるという実験的な薬があって、そのような薬の効き目はごく一時的であり、効いている短い間でも患者を混乱させ、恐怖すら植えつけるとこの本には書いてあります。

これが父が服薬しているアリセプトなのかはわからないのですが、薬でなくても、古いアルバムを見せたりして過去のことを思い出させる試みが認知症の人にとっていいことなのかどうか判断するのはむずかしいといつも思います。

薬でなくても、何かをきっかけにして不可逆的とされる病気が一時的に改善することが実際あることを父の様子を見て知りました。

ある日、父のところへ行くと、夜の間に最近感じる不安を切々と訴える文章を書いていました。「読んでおいてほしい」と夜中に書いたものを見せてくれました。ノート一ページにわたって、今の不安を切々と訴えたものでした。その頃は、帰ってきた時のように、時折、ノートに何時に食事をしたかというようなことを短く書き留めることすらしなくなっていたので、字は読みにくく、意味がうまくつながらないところもありましたが、長い文章が書いてあることに驚きました。もう父は長い文章を書けないと思っていたからです。父は常は霧の中にいて、霧の外に世界があることすら知りません。それなのに、これを書いた時には霧が少し晴れてしまったようでした。忘れていた過去や外界を垣間見たことで強い不安が父をとらえたのでしょう。友人と話したいのに携帯電話が見つからなくて残念だとか、お腹が減ってもお金が少ししかないので食べられないと父は書いていました。

父は帰ってきてほどなく携帯電話を使えなくなり、それまでつきあいのあった人との連絡は途絶えていました。そのことについて特に何とかしたいとか、してほしいというようなことは長くいってなかったのでした。折に触れて、夜中にもしも何かがあったら、「君に（君というのは私のことなのですが）連絡がつかなかったら困る」ということも時々思い出したようにいっていました。緊急に夜中に連絡をしなければならないようなことが起こらないように、定期的に医師に往診してもらい、看護師さんにも週に二度もきてもらっているというような説明をして納得させようとしましたが、このようにいってみても説得力がないことは明らかです。父が危惧していたとおり、実際には、夜中に骨折してしまいました。

施設にいる今は安心ですが、父はもしも何かがあったらという不安に時折襲われるようでした。父の不安は霧が晴れた時に垣間見られるくらいでしたが、私はその不安から意識を逸らすことができませんでした。

しかし、自分が置かれている状況を理解できず、外に出て行こうとするようなことをして事故に繋がるようなことが起こらない工夫をしなければなりませんが、親が霧の外にある世界を見て苦しむことがあっても、そして、そのことが介護者にとってはつらいことではあっても、基本的には親が解決するしかありません。

もちろん、話を聞くことで親が落ち着くということはありますから、そのような働きかけは意味がありますし、私もよく父の話を聞きました。それでも親が強い不安にとらわれても、今使った喩えを使えば、そのことは霧の外の世界を見た時に起こらざるをえないことなので、介護者はそのことを止めることはできないのです。

周辺症状

周辺症状は、ただ置き忘れただけなのに、自分の持ち物などが盗られたとか、隠されたというような妄想、配偶者が浮気をしていると思い込んだり、いないはずの人が同居していると思い込むというようなことや、徘徊、便いじり、攻撃的なことをいいます。

これらは先に見た記憶障害や見当識障害というような中核症状に心理的、状況的要因が加わって二次的に生成されます。どこかに置き忘れたものを探しているうちに、盗られたに違いないと思い込むわけですが、置いた場所を忘れた人が必ずこの妄想にとらわれるわけではありません。中核症状があっても、周辺症状が出ないか、出てもそれほど程度がはなはだしくないことがあります。父は私に感情的になって怒りをぶつけてきたということはありましたが、この症状は出なかったといっていいくらい、頻度は多くはありませんでした。

介護にあたって、介護者が疲弊するのはもっぱらこの周辺症状のほうです。この周辺症状は治ると専門家は指摘します（小澤勲『認知症とは何か』一五三頁）。廃用症候群を除いた器質性の部分、脳障害から直接生み出されたものについては治らなくても、周辺症状は治ります。例えば、物忘れは治らなくても、物盗られ妄想は必ず治ります。周辺症状が顕著に見られる場合とそうでない場合があるという違いは何に由来するのか。それをどう理解し、どう対処すればいいかを後に考えていこうと思います。

劣等感としての周辺症状

このような周辺症状が起こるのは、「やりたいこと」と「やれること」のギャップが大きくなっているにもかかわらず、認知症を抱えていると、両者に折り合いをつけ、身の丈にあった生き方を選ぶことがむずかしく、その結果生じた、不安、困惑、いらだち、混乱のあげくたどり着いた結果であると説明されます（小澤勲『認知症とは何か』一四九頁）。

「やりたいこと」と「やれること」のギャップを「劣等感」といいます。それではこのギャップをなくせばいいかといえば、話はそう簡単ではありません。小澤は、両者のあまり大きくなったギャップを埋めるためのケアを提供しなければならないが、他方、「やりたいこと」と「やれること」のギャップをまったくなくせばいいと考えるのは間違いであるといっています。行動を制限したり、向精神薬を過剰に投与するというようなことです。なぜなら、人は「やれること」だけをやって生きているのではないからです。「今はできないことでも、いつかはやれるようになりたいという思いが生を豊かにし、生きる力を生む」（小澤、前掲書、一五〇頁）。

たしかに小澤がいうとおりだと思います。ところが、親が危険なことをすることを回避したいために、親が実際にはやればできるかもしれないことまで制限してしまいます。子どもであれば、今日できないことが明日はできるようになるかもしれないと思えます。一度も転倒することなしに歩けるようになった子ども、一度も怪我をしないで自転車に乗れるようになった子どもは少ないのではないでしょうか。そんなことがあっても親は冷静でいることができます。しかし、親の場合は今日できることが明日はできなくなるということはたしかにありますから、今はできなくてもやがてできるようになるとは信じられません。しかもできるようになろうとして親がすることには多少なりとも危険を伴いますから、行動を制限してしまうことになります。実際、転倒して骨折すれば、介護の負担が増えるからです。

もちろん、本人や家族がリハビリの努力をすることはありますし、デイケアなどでは専門の理学療法士、作業療法士らがリハビリのプログラムを組むわけですから、それを思うと私は父のリハビリにあまり積極的ではありませんでした。父が突然歩いてくるといいだすことがあったことは先に書きましたが、父がそのようなことをいいだすのは寝たきりにはなりたくないという思いからであったことも私は知っていたはずなのですが。

そこで、私は貧血と心臓疾患のために長距離は歩けないことを理由に父の意欲を削いでしまいました。「なに、家のまわりをぐるっと歩くだけだ」というのですが、私が止めると「それなら一緒についてきてくれるか」というので、父に付き添って外へ行くのですが、ものの数分で歩くのを断念することになりました。「もういい」という父の表情は険しく、こんなことなら一緒に歩くことに同意しなければよかったと思ったのでした。

互いにとって一番気持ちがよくて父が納得できるのは、父が外を歩くといった時に、余計なことをいわずに同意することとです。病気のことを考えれば、長く歩けないというような注意は余計どころではありませんが、実際に歩いてみれば息切れするというようなことは、歩く前に注意しなくても歩けばすぐにわかることとです。無理をしようとするならば止める必要はありますが、危険を回避するためにせっかくの親の意欲を削ぐことはありません。貧血で入院していた時は、作業療法士さんとリハビリを熱心にこなしていました。途中で休憩を挟むのですが、少し休んだ後「もう一回」といいだすのはいつも父でした。

ここでいう「やりたいこと」と「やれること」のギャップを埋めるというのは、本人が現にできなくても、やりたいと願うことを、そう願ってできるように努力することとです。そのやりたいことはあくまでも本人がやりたいことであって、周囲が期待することではありません。生を豊かにする生きる力をどうすれば引き出せるでしょうか。正確には、そのような力を親が持てるように、まわりの介護者はどんな援助ができるでしょうか。

周辺症状の相手役

あらゆる言動について一般的にいえることですが、人の言動はいわば真空の中で行われるのではなく、それが向けられる「相手役」があります。人は通常その相手役に無視されたいとは思いません。何らかの注目を得たいと思います。いつも必ず自分がすることについて他者からの注目が得られないと困るというのは問題なのですが、無視されるくらいなら、たとえまわりの人、ここでいう相手役を困らせてでも注目されたいと考える人はあります。

見方を変えるならば、もしも相手役がどんなふうに言動を受け止めるかによって言動は変わらざるを得ないといえます。上手な対応の仕方がある一方で、いよいよ火に油を注ぐような対応もあるわけです。たとえ親の言動がどんなに挑発的に見えても穏やかに受け止めれば、親の言動は必ず変わってきます。

親の不安や怖れも、介護する子どもの注目を引くために親が創り出す感情です。普通は何か原因があって、それによって不安や怖れを感じるというふうに説明されますが、それらの感情を訴えることには何か目的があり、その目的を達成するために不安になったり怖れると見るほうが起こっている事態をよりよく理解できます。不安についていえば、親が不安を訴えたら、介護者はそれを無視するわけにはいきません。介護者の注目を自分に向けることが不安という感情の目的です。注目を自分に向けることを目的として不安になっているとすれば、そのような親に関われば関わるほど、親の不安はやむことはありません。

ある時、うつ状態のおばあさんが診察にこられました。待合室では付き添ってきた息子夫婦が心配そうに横にすわり、診察室にも三人で入ってこられました。幸い経過はよく、日増しに元気になりましたが、そうなると、受診日にまず息子さんがこられなくなりました。とうとう、診察を待つ間に買い物をしてくるからと妻もいなくなり、おばあさんが長い時間、待合室で一人で待つ姿が見られるようになりました。

思うに、弱っている時、子どもたちに心配されることはこの方にとって内心嬉しかったでしょう。ところが元気になってくると、子どもたちが自分に関心を持たなくなりました。もちろん回復すると、それまでと同じような注目を得られなくなるのは当然のことではありますが、元気になってもはや自分に向けられなくなった注目を再び自分に向けるために、転倒して大腿骨を骨折されたのでした。

こんな痛い目をしなくても、また、不安や怖れを訴えてまで注目を引く必要はないと親が思えるように援助することが日頃から必要です。何らかの仕方で子どもの注目を引く必要があると親が思っていると、今引いたケースのように一つの問題が解決しても、注目が得られなくなると、何か別の問題が起こることになります。

今問題にしている親の周辺症状を否定したり批判するといよいよ症状がひどくなることがあるのは、相手役が親の言動を適切な仕方で受け止めていないからです。

周辺症状のターゲットが看護師に向けられるほうがいいという看護師さんがおられました。自分のものを盗られたとか、隠されたという妄想は、多くの場合、息子の妻がターゲットになるとよく本には書いてあるので、実際そういうことがあるのかを訪問看護師さんにたずねてみたら、よく聞くということでした。

「看護師さんがターゲットになることもありますか」

「あります。でも、家族ではなく、看護師に向けられたほうがいいのです」

その分、家族がターゲットになることが少なくなれば、家族としてはありがたいことです。

「そういうのはいやではありませんか」

「制服を着ている間は大丈夫です」

しかし、家族は制服を着るわけにはいきませんし、現に家族がターゲットになっているケースはどうなるのだろうかという問題は残りますが、きっぱりいわれるので驚きました。

父はまわりを困らせるようなことはあまりいいませんでしたが、私は父といる時間が長いこともあって、父が他の人たちの前では穏やかでいるのに、私に対しては感情的になることがよくありました。

しかし、本当は、一緒にいる時間が長いというのは私の側のいいわけでしかありません。私は昼間だけ父のところへ行っていましたが、同居していて四六時中顔を合わせていても、親が子どもに感情をぶつけたりはしないこともあるはずだからです。ひとえに父との関係に問題があることを私は認めなければなりません。

父と私の関係が険悪になることは今に始まったことではなく、一緒に暮らしていた時もしばしばあったことですが、父が感情をぶつけてくると私は穏やかではいられないのです。父が妻や妹に当たったりしないで、私だけに感情をぶつけるのならいいと思おうとしても、そうすることはむずかしいと思いました。それでも、父が他の家族らの前で私の前にいるような父であり、そんな父のことをとても手に負えないと思われたら、誰も介護を代わってくれなくなるでしょう。しかし、だから、父が私だけをターゲットに感情的になるのならいいと思うことは、介護に向かう姿勢が後ろ向きで好きではありません。

父が感情的になるという場合、父は私の前では本当の自分を出せ、他の人の前では遠慮があって、本当の自分を抑えて、無理をしているというふうに見ないのがいいと思います。むしろ、私の父への態度に改善の余地があるのではないかを見ていくことが必要です。

相手役からの注目を得ること

先に見たように、この周辺症状が治るとすれば、関わり方によります。周辺症状を改善する関わり方がわかれば、介護の負担は軽減されます。日々、父のところへ通うこと自体は、それほど大きな負担になるわけではありません。たしかにそのことで仕事を思うようにできなくなるというような問題はあるわけですが、些細なことで（「些細」と見るのは、私から見てのことかもしれないのですが）父を怒らせ、暴言を誘発することで受ける精神的な疲れによってしばらく立ち直れないことがありました。

接し方について具体的に学ぶのでなければ、よくいわれるように、心に寄り添って、愛情を持って接すれば問題行動は抑えられるというようなことをいってみても、どうすれば心に寄り添うことになるのか、愛情を持って接することになるのか、これだけでは無内容といっていいのです。

もちろん、このようなことは大切なことですが、常に心穏やかにいて、優しく接することは容易なことではありません。親の言動が引き金になって子どもが感情的になって、親に当たってしまうことがあります。親のほうは、子どもがそんなふうになることを必ずしも意図していなくてもです。親は自分がいったりすることで何を意図しているかということについては、大抵、無意識なのです。

親の言動によって子どもが感情的になるとすれば、親は感情を引き出すという形で子どもの注目を引くことに成功したといえます。このように周辺症状には広い意味でまわりの人の注目を引くという目的があります。子どもがイライラしたり、腹が立ったり、あるいは、憂うつになったり絶望するとすれば、そのような感情を喚起することで親が自分に注目してほしいと思っているからです。本人はもとより家族も注目を引くという目的があるとは思いもよらないことですから、周辺症状といわれる言動に結果として注目することになってしまいます。そしてそのような言動に注目すれば、周辺症状と呼ばれる言動はいよいよやまないことになります。そのような注目を引く必要がないと親が思えるように援助するということが具体的にどうすることなのかは、これから考えることにします。

感情の目的

親の介護をする家族も、親の行動に苛立つ時、そのような感情には目的があります。親の行動に苛立つと普通はいわれるのですが、親の行動が原因となって、イライラや怒りの感情が起きるわけではないのです。

親にある行動をやめてほしいので、大きな声を出すということを知っておかなければなりません。これが子どもが親に対して感情的になることの目的です。その際、大抵、怒っています。これは子育ての場面で、子どもに何かをさせようと思って、親が感情的になって大きな声を出す時と同じです。残念ながら多くの場合、このようなやり方は子どもの反発を招くだけで功を奏することはありません。子どもは親のいうことを聞くかもしれませんが、進んでそうするのではなく、強いられ、いやいや従うわけですから、怒りの感情をぶつけることは、一見即効性があるように思えますが、子どもは反抗する機会を絶えずうかがうことになります。同じことが親との関係でも起こります。親も一見引き下がったように見えても、反抗する次の機会をうかがっているのです。

親に対して感情的になる時、子どもは親と権力争いに入っています。子どもは親に対して感情的になることを手放しでよしとしているわけではありません。しかし、感情的になれば親の行動を変えることができると考えているのであり、そうすることで親を自分の支配下に置こうとしているのです。自分がかつて子どもだった時とは違って、今や親よりも優位に立ちたいと思います。そのために些細なことでも親との権力争いのきっかけを探します。喧嘩の理由は何であってもいいのです。

日々親に振り回されると、介護者は疲れ果ててしまいます。私は子どもが幼かった時には、大きな声を出して子どもを叱ったりすることはなかったのですが、親に対しては我慢がならず、大きな声を出したことがありました。そんな時、私の拍動は増し、血圧が上昇したに違いありません。帰ってからも気分が悪く、翌日は父の世話を妻に代わってもらわなければなりませんでした。

私が親に対してこんなふうになったのは、親の行動が引き金ではあったのですが、目的があります。一つには、先に見たように、親を自分の思うようにしたいと考えたからです。しかし、父はこれくらいのことで引き下がることはなく同じことがまた繰り返されるか、こんな感情的なぶつかりがあっても数分後にはそのことを忘れてしまいました。

感情的になったことにはもう一つ目的があります。私が父の顔を見たくもないと思ったことは何度もあったわけではありません。意地で介護をしていたとは思いませんが、暑い日も寒い日も、お盆も正月も欠かさず父のところへ行っていました。父の食事の準備をしないといけなかったからではありますが、私はどんなことがあっても父のところへ行こうと思い込んでいたというのは本当です。

だからかもしれませんが、気が張っていた私は風邪を引くこともありませんでした。そんな私が介護を休もうと思った時に、そうすることが自他共に仕方がないと思えるために、父の言動を引金にして怒りの感情を創り出したのでした。父にとっては迷惑な話で、そんなやっかいな手続きを踏まなくても、ただ疲れているから代わってほしいといえばよかったのです。

心の優位

認知症は脳の問題ではありますが、それにつきるわけではありません。認知症を脳の病変として理解するのは、体感温度を無視して温度計の数字だけを信じるようなものだとよく思います。今日は寒いと感じたら、そのように感じる当の本人にとっては、その寒いという感覚はまぎれもなく、少なくともその時は真実です。「本当は」寒くないと寒暖計に表示される温度を指摘されてもあまり意味がありません。「だって〈本当に〉寒いのだから」。どちらの「本当」を優先するかが問題ですが、私は実感のほうを取ります。

父は非常に冴えている時があって、その時にはいろいろなことがわかっています。そんな時、父は病気ではないのではないかと思うことが何度もあります。こんなにわかっているはずはない、本当は病気なのだと見ないで、まさにそのような時父は〈本当に〉病気では〈ない〉と見たいのです。

脳は身体であり、心の道具です。脳は一番重要な道具ではありますが、あくまでも道具なので、道具である脳にどんな形であれ障害が起こったとしても、そのことによって言動が変化することがあっても、脳を使う人の人格それ自体が変わるわけではありません。

例えば、手が麻痺していたり縛られていれば、手を動かすことはできません。脳に何らかの障害がある場合も、手を思うとおりに動かせないということが起こります。しかし、脳（身体）が心を支配するわけではありません。全体としての私が手を動かそうと思うのです。心は運動の目標を決め、何のために手を動かすのかを判断するのであり、脳はこの心の道具です。脳（身体）は心の起源ではなく、脳（身体）が心を支配するわけではありません。

現実を見たくない

生産性で人間の価値をはかることを常としてきた人、生産的であることだけが唯一の価値だと考えて生きてきた人が、年老いて何もできなくなった時、悲しくなって現実を見ないでおこうと決心することがあります。認知症の心理的な背景がここにあります。認知症の親をどう援助するかは後に考えますが、少し先取りすると、生産性で人間の価値を見ないという方向での援助ができるのです。

たとえ何もできなくても、そのことで人の価値を評価するのではなく、人が人として「ある」ということに注目することができます。

病気になって思うように身体を動かせなくなった経験のある人にはわかると思いますが、身体を動かせなくなっても、またまわりの人の世話になるばかりでもなお自分に価値があると考えることができるようになるのには勇気が要ります。

妄想の必要

父が、忘れてしまったことは仕方がないといったということは先に書きました。遠い過去のことであれば忘れても諦められるかもしれません。もっとも、前にどこに住んでいたかとか、かつて共に暮らしていた人のことを忘れるというようなことであれば、諦めることは容易なことではないと思います。忘れるはずはないという思いが先行するからです。

直近のこと、例えば、今ここに置いたはずのものが見つからないという時に、忘れたということを認めることができれば問題はないのですが、それを認めることができなければ、誰かが盗んだという妄想を創り出すしかありません（小澤勲『認知症とは何か』一七〇頁参照）。

老化の問題

親を理解する時には老化について理解することが必要です。親の介護が必要になる頃には、子どものほうも多かれ少なかれ老いを意識し始めているでしょうから、親が老いをどう受け止めているかを理解することはそれほどむずかしいことではないともいえます。歳を重ねると、歯が弱り、容色が衰え、身体のあちらこちらに若い時にはなかった不具合が起こります。また、物忘れも病気であるか否かにかかわらず、老化現象の一つとして現れない人はありません。

仕事に就いていた人であれば退職し、定年のない仕事でも、もちろん人によって違いますが、遅かれ早かれ、能力が低下したことを自覚すれば、仕事の内容や量を変えていかなくてはなりません。先に見たような生産的なことに価値を置く人でなくても、仕事を離れた時に自分にはもはや価値がないのではないかと思い、失意の日々を送る人もあります。ことに組織に所属して生きてきた人にとっては、組織から離れることは、退職後に悠々自適の生活をすることを楽しみにしてきた人であっても、人生の大きな危機の一つになります。悠々自適の生活を送るということも、今の時代には容易なことではないでしょう。

先生と呼ばれて生涯を送ってきた人が、学校をやめた途端、先生ではなくなりショックを受けるということもあります。先生と呼ばれてきたのは学校の教師という役割の仮面に対してのことだったことを認めることは容易なことではありません。先生に限らず、人は老いると自分の価値を確信することがむずかしくなります。

そこで、愚痴っぽいことで自分の価値を認めさせようとしたり、孫を甘やかします。祖父母は親ほど子どもに対して責任がないからですが、孫を甘やかすことは親にとってありがたいことではなく、そのことでもめることになります。

先にも見ましたが、親は困ったことをすることで子どもの注目を引こうとします。そうすることで、何とか家族の中で居場所を得ようとするのです。

親が自分の価値を確信できれば、親が困ったことをして子どもの注目を引こうとすることはなくなるはずです。ここにも親をどうすれば援助できるかについてのヒントがあります。

第三章　親とどう関わっていけばいいか

親に返せない

以上見てきたことを踏まえて親にどう関わっていけばいいかを考えてみましょう。最初に、親に対してどんな気構えで（というと大仰ですが）関われればいいか考えてみましょう。

介護の精神的な負担を軽減するためには、親から受けてきたことを親に返そうと思わないことが必要です。親がたとえ今度は私を介護してほしいというようなことをいっても、そのような親の期待に必ず、しかも親が満足できる仕方で添えるかはわかりません。介護は子どもが親から受けたものを返すためのものではありません。たとえ万全の介護ができたとしても、親から子どもが受けたことは到底それくらいのことでは返すことはできません。親としての私は子どもに与えた分、子どもから返してほしいとは期待していません。それとも多くの親は子どもにいつか自分が介護が必要になった時のことまで考えて、子どもを育てているのでしょうか。親がそのようなことを期待していても親の期待に全面的に添えるとは思えません。だからといって、子どもの立場からいえば介護を必要とするようになった親に何もしないというわけではありません。できることはできる、でも、できないことはできないという線をはっきり引くことは大切なことです。

できることしかできない

介護は在宅でするのがいいと考える人があります。在宅で介護するかを含めて、一般に、親に対してするべきことやしたいことはあるでしょうが、できることしかできません。

親のほうが子どもに期待することはあるでしょうが、子どもがそのすべてを満たすことは現実にはできません。満たせるよう努力はしたいと思いますが、できないことがあっても、そのことで自分を責めることはありません。

過去を振り返らない

親子関係が元々よければ、いざ介護が必要になった時も介護が楽であることは本当ですが、親子関係が昔から変わることなく良好なものだったといえる人は少ないでしょう。それまでの親子の間に長い歴史があって、その中で軋轢もあって子どもは親に対して複雑な思いを持っているものです。

それでも、親が介護を必要とするようになった時、子どもは再び親に向き合うことが必要になります。

その上、親から一方的に（と思えるのです）過去のことは忘れたと宣言されても、そのことによってこれまでの問題が解消されるとはとても思えません。子どもとして親のことでいつまでもこだわりがあるのに、親が過去を失ってしまうと子どもは途方に暮れてしまいます。

さらにいえば、親が過去を失ってしまった時、ただ過去が失われるだけではなく、親自身がそれまでの親ではなくなってしまうということもあるのです。ここで私が親が変わるという時、必ずしも否定的な意味でいっているわけではありません。穏やかだった親が別人のようになるということもありますが、反対にかつては支配的だった親が穏やかになるということもあるからです。いずれの場合も、子どもは、かつてとは別人のように見える親とどう関わっていくか、態度決定を迫られることになります。

はっきりしていることは、過去を振り返っても意味がないということです。介護が必要かどうかには関わりなく、「今から」親との関係をよくすることはできますし、していかなければ、介護はつらいものになります。

最初から高い理想を立てない

老いた親との生活や、介護においては、達成不可能な目標を立ててしまわないことが大切です。介護を必要となった途端に親と仲良くなることは簡単なことではありません。介護が必要となる前から親と仲良く暮らしていたのであれば、親と仲良くなることはむずかしくないかもしれませんが、そうでなければ、親と仲良くすることを目標として掲げ、それを実現しようとすることは、不可能ではないにしても困難でしょう。

介護に限らず一般的にいえば、人は過去を思って後悔し、未来を思って不安にかられます。しかし、過ぎ去った過去に〈今〉戻ることはもはや不可能であり、〈今〉まだきていない未来のことを思い煩っても意味はありません。確実にくると思える明日という日でも必ずくるとは限りません。そのことに思い当たる経験をしたことがないという人は少ないのではないでしょうか。

介護において、親との過去はもはや存在しないと思うことはむずかしいかもしれません。しかし、親との関係を新しく一から始めるつもりで関わることが必要です。このことは過去において親との関係がよくなかったのであれば、そのことには今は目を向けないでおこうという意味でもありますが、それにとどまらず、親が子どもが気づく前から介護を必要としていたという事実に気づき、もっと早くに気づいていればよかったと後悔する場合も、そのような後悔を今してみてもどうにもならないということも意味しています。

そこで、これまでがどうであれ、これから親との関係を築いていくしかないわけですが、親と仲良くすることを最初から目標にしてしまうと、理想と現実とのギャップに悩むことになってしまいます。

最初は、大きなトラブルなく平穏に暮らすことくらいから始めるのがいいでしょう。もともと親とはあまり口を利かなかったのに、そして口を開けばたちまち大喧嘩になったこともたびたびあったというのであれば、今、親と突然親密になるということは容易なことではありません。

ですから、達成可能なところから始めて少しずつ関係を変えていけばいいのです。せめて同じ空間に穏やかな気持ちで一緒にいられるというようなことです。私は父がまだ母を亡くした頃は、感情的なやりとりになるか、説教をするのでいつも辟易していました。幼い子どもでも一緒にいてくれれば、父とぶつかることを避けることができましたが、二人になるとたちまち険悪な雰囲気になりました。父と再び生きることになっての最初の目標は、父と一緒にいられるということでした。

実は、父がこちらに帰ってくる十年ほど前、父のほうから私に接近してきたことがありました。突然「お前のやっているカウンセリングというのを受けたい」といいだしたので、月に一度ほど父と会って、父の話を聞きました。父のカウンセリングをしたわけではありませんが、若い頃と違って少し距離を保ちながら冷静に話ができるようになっていたことは、父の介護を始めるにあたってはよかったのですが、それでもたまに会うのと毎日長い時間顔を合わせることには大きな違いがあるといわなければなりません。

脳がどうなっていようと

はっきりとしていることは、脳の状態がどうであれ、脳の萎縮、海馬の萎縮があってもなくても、目の前にいるこの親と生きていくしかないということです。

アルツハイマー型の、あるいは他のタイプの認知症と診断されたからといって、親がそれまでとは別の人になるわけではありません。親が若かった頃とは人が変わったかのような言動をすることがあったとしてもです。反対に、前と少しも変わらないではないかと思えるようなことを親が話し、驚かされることはたびたびあります。それでも親は依然として親なのです。

人が「人格」であるためには、生物学的にヒトであることに加えて、自己意識があるという条件が必要だとされます。

問題は、自己意識を人格の条件にしてしまうと、受精卵は生物学的にはヒトであっても、人格とはいえないことになります。認知症が進んだ人も人格とはいえないと見る論者がいますが、そうなのでしょうか。

そこで、社会的な意味での人格を認め、それが成立する条件として、最小限のコミュニケーションが取れることをあげることがあります。そうすれば、認知症の人も人格と見なされますが、脳死状態の患者はなお人格とは見なされないということになります。しかし、脳死状態の人は人格でないと、家族は受け入れることはできないでしょう。

胎動を感じる母親にとって胎児はものではありません。私の母は脳死状態ではありませんでしたが、脳梗塞のために意識をなくしていた時、自己意識はなく、コミュニケーションを取ることもできませんでしたが、母はもはや人格ではないといわれても同意することはできなかったでしょう。

帽子を被っている人が帽子を脱いでも、同じ人であり続けるように、自己意識があろうとなかろうと、コミュニケーションができようができまいが、人はどんな時でも「人格」であることができます。昏睡状態になっても、人がものになることはありません。さらにいえば、人は死んでも「人格」であり続けます。

なぜこのようなことがいえるかといえば、私は今問題にした「人格」を「人間」としてとらえる必要があると考えるからです。人は一人では「人間」になることはできません。つまり、対人関係から切り離して人を見ることはできないということです。その対人関係から見れば、自己意識がないとされる脳死状態の人ですら、その人をそのような状態になる前から知っている人にとっては人間（人格）ですし、死んだ人もその人を忘れられない人がいる限り人格であり続けることができるのです。

話を戻すならば、父はアルツハイマーと診断されましたが、父の脳の状態がどのようであれ、たとえそれによって父の過去の記憶が失せ、人が変わったように見えるようなことがあっても、父は人との関係の中で父であり続けるのです。

諦めない

夏に花をいくつも咲かせた父の家にあるハイビスカスに、季節がめぐると蕾がつかなくなり、花が咲くのを見られなくなりました。大きな花を咲かせるたびに、父に「ほら、ハイビスカスが咲いた」というのですが、朝食後眠って昼に起きてきた父は、それを見て「昨日、咲いた」といいます。父が生きる時間の進行は早いようです。一眠りすると一日が過ぎているのかもしれません。

こんなふうに父が花が咲くことを楽しみにしていたハイビスカスが咲かなくなりました。それでも毎日水をやることを欠かしませんでした。ある日、蕾があるのを見つけました。夏の暑い時は、蕾は日に日に大きくなり、花が咲くまでに長くかからなかったのですが、秋になると蕾はなかなか大きくはなりません。諦めず水をやり続けたところ、ある日、久しぶりに大きな花を咲かせました。

よく見るとまだ他にも小さな蕾がありました。今日咲いた花がしぼんでも、次の日も変わらず世話をすることはたしかです。これから花が咲くから世話をするのではなく、何があっても、つまり、たとえ花を咲かせなくなっても、世話をすることをやめないでしょう。ふと、父に対する気持ちと似ていると思いました。たとえ医師から認知症は治らないと聞かされても、だからといって何もしないはずはありません。

介護において何が起こっても受け入れるしかありません。介護にはwhy（なぜ）はなくhow（どのように）しかないということです。なぜ親がこんなことになったのかと思ってみても、その問いに答えが出るはずもなく、介護の日々は否応なく始まるのです。

不可抗力

介護の場面では、不可抗力のことがあるのを認める必要があります。父は足腰はしっかりしていて、貧血や心臓の問題さえなければ自分の足で歩くことができます。それでも転倒して骨折をすることがないようにいつも気をつけていました。病院や施設などとは違って古い民家にはいたるところに段差があって、父でなくても気をつけていないと躓くことがあります。ダイニングと寝室の境に段差があるので、夜中にダイニングに行かないようにといったのですが、夜中に目覚めたり、朝早く起きる父はよくダイニングのほうへ行きました。ヘルパーさんが帰られる時、父がそのままダイニングにいることまではどうすることもできませんでしたが、食事後ほどなく眠ることを習慣にしていましたから、帰る時に寝室に行くよう促してほしいとお願いしたのは一人で歩き転倒しないためでした。

最初の頃、父は私が朝行く前に起きて犬を散歩させていました。交通量も多いので危ないので一人で行かないようにといってもききませんでした。ある日、柿の木がなっているのを窓から見た父は取りに行くために外に出て行きました。ところが途中で転倒したらしく、後になって父がいうには「三台の車が止まって、助けてもらった」ということでした。

そんなことが重なったので、鍵を開けて父が中から外に出られないようにすることを余儀なくされました。中からは開けられませんから火事になったりすれば逃げ出せないわけですが、一人で外に出る時に起こりうる危険を考えればやむをえないことでした。キッチンにも行けないようにしておかないと、冷蔵庫にあるものを夜中に食べ尽くすというようなこともありました。

「外に出ると帰ってこられなくなったり（実際、これは一人で暮らしていた時にありました）、交通事故に遭うことがないように夜は寝室とダイニングしかいられないようにする、そうしておかないと危ないことを忘れてしまって外に出て行くから」と説明しましたが、お腹が減って何か買いに行こうと外に出ようとしたことは何度もありました。「外に出られなかったではないか」と父はそのたびに抗議するので、こんなことをしていていいのだろうかと長く悩むことになりました。同居していればできなかったでしょうが、外からつっかい棒をしておいても、外に出てしまうという話はよく聞きました。

ところが、そこまで過剰に注意していたのに、ある朝腰痛を訴えました。様子を見ていたところ、次の日は前日にもまして、少しの所作にも強い痛みを訴えるようになりました。聞けば、夜中に窓を開けて、通りかかる人に救助を求めようとしたというのです。その日はたまたま訪問看護の日でした。看護師さんは骨折を疑い、主治医に往診してもらったところ、腰椎圧迫骨折だろうということですぐに救急車で入院することになりました。どうやら夜の間に転倒したようです。

あれほど注意していたのにとしばらくの間、私はすっかり落胆してしまいました。ちょうど施設への入所が思いがけず決まり、あと数日で入所するという時でした。これは不可抗力としかいえません。事故が起きないように思いつく限りの工夫をしても、完全に事故を回避することはできないわけですから、過度に自分を責めないようにすることが、介護に向かうための勇気を失わないために必要です。

責任は重いが

母は脳梗塞で倒れた時、救急車で近くの病院へ運ばれました。幸い、最初は予後がよかったので、そのままその病院で治療を受ければいいと思っていましたが、一月後に再び倒れ、脳神経外科のある病院へ移るかどうか決めなければなりませんでした。

このことを私は父と二人で検討し、別の病院に移ることを決めたのでした。父と私が席を外してしばらく戻ってこなかったことから、母は自分の身に起こっていることがただならぬものであることがわかったのでしょう、母は、自分のことなのに圏外に置かれたことで戻ってきた父と私を強く責めました。その時は母の意識はしっかりしていたのですから、なぜその時、母の考えを聞かなかったのかと思うと、母の険しい表情を思い出して悔やまれます。

転院後は母の容態は急激に悪化し、結局、最期の二ヶ月は意識が戻ることはありませんでした。

その間に医師から提案された手術を受けるか受けないかという決断は、もはや母に相談するわけにはいきませんでした。責任を引き受けたくないという意味ではありませんが、本人の考えを聞かなかったら、どんなことでもその決断の責任がすべて家族にふりかかってくるのです。

今、父の近くにいて、同じ思いです。すべてのことを父に代わって判断しなければなりません。在宅で介護をしていた時は、もしもの時にどう対処するかをケアマネージャー、ヘルパー、看護師さんと打ち合わせをしました。今は施設にいるとはいえ、もしも何かが起きた時にどの病院に行くかなどについて入所した日に問われました。何か起こった時に適切な判断ができるかなお自信がありません。

一人でかかえこまないために、他の家族らと相談するのは大切なことです。可能ならば、本人の意志も確認したいところです。相談したからといって選択に伴う責任が分散されるわけではありませんが、気持ちは少しは楽になります。

不完全である勇気

何が何でも在宅で介護をすると思わないことは必要だと思います。在宅で介護できることは望ましいでしょうが、「できる間は」という条件を外さないことが大切です。親が望むのであれば、慣れ親しんだ自宅で過ごせるよう何とか尽力したいとは思います。父の場合は、本来父が過去のことを覚えていれば、戻ってきた家は「慣れ親しんだ」家のはずだったのですが、最初はどこにきたのかよくわかっていないようでしたから、在宅介護のメリットの一つはなかったことになります。

またその親が慣れ親しんだ家が介護する家族の家から遠く離れたところにあるという場合も、在宅介護は困難であり、同居、もしくは近くへの転居が必要になります。その際、先に見ましたが、環境の変化が親を多少なりとも混乱させることがあります。

他方、在宅介護が大変なので施設への入所を希望しても、入所は容易ではありません。やむをえず、在宅で介護をするというケースも多いはずです。ことに男性の施設入所はむずかしいことを今回知りました。なぜそうなのか何人かの人にたずねたら、夫が介護を必要になった時は妻が介護できますが、妻が介護を必要とする時には夫はいないことが多いからということでした。私の父の場合も、母がもしも生きていれば、母が介護をしたことでしょう。

親が強く在宅での介護を望み、デイサービスなどの介護サービスすら拒むというわけではないのに、介護サービスを利用しないで、何が何でも在宅で介護するのがいいと考えるのは、ちょうど育児の場面で、子どもは三歳までは親が見るべきだとする考えと同じです。

デイサービスについては、そこであたかも幼い子どもを相手にするような対応がされるという理由で本人が行くことを拒み、家族もやらせたくないと思うことがあります。しかし、親の介護のために家族が四六時中時間を割かないといけないとしたら、その負担は大変なものになります。

父の場合は食事の介助などは必要ではありませんでしたが、買い物に行けず、自分で料理することもできませんでした。先にも書きましたが、いつ家から出て行くかわかりませんでしたから目を離せませんでした。買い物は父が眠っている間にすませました。そのため、人と会う約束すらできなくなりました。父のところにきてもらうこともありましたが、ゆっくり話すことはむずかしかったです。ふいに父が起きてくるような状態ではカウンセリングはできず、講演の依頼も断らなければなりませんでした。このような状態が長く続き、つらい思いをしました。

何とかして介護の負担を少しでも楽にする工夫は必要です。デイサービスはもっとも利用しやすく、親のことを気にかけないですむ時間が週のうち何日かあるだけでも楽になりました。父にはやがてショートステイにも行ってもらいました。一泊二日、あるいは二泊三日ですが、夜、父のことを心配する必要がなく助かりました。初めて父がショートステイを利用した日の朝、久しぶりにアラームをかけずに寝ることができました。

父にすれば一人で気ままに過ごしていたかったのかもしれませんが、私は助かりました。デイサービスやショートステイは親のためというよりも、介護する子どものためのものでもあります。初めてショートステイに行った父は夜中に目を覚ました時、自分がどこにいるか、なぜいつもとは違うところにいるのかわからず、スタッフに「ここはどこですか。なぜ私はここにいるのですか」とたずねたと記録に書いてありました。また、夕方帰れると思っていたのに泊まることになっているのを知った父は「家で息子が待っているのだ」と声を荒げて帰るといったそうです。

子どものために親にデイサービスやショートステイに行ってもらうのだと認めていいと思います。親から離れる時間があってこそ身体も気も休まり、新たな気持ちで親に向き合うことができます。

しかし、これらのサービスはただ子どものためのものではありません。デイサービスについていえば、ちょうど子どもたちが保育園に行くことが子どもの成長にとっても有用であるのと同様、そこに行くことが親にとって有用です。サービスを利用する前に見学をしたり、その後も見学に行って親がどんなふうに過ごしているかを見れば、安心できるはずです。もしも何か問題があっても、きちんと対応してもらえるはずですが、そうでなければその施設ではだめだということです。

父はデイサービスから帰ってくると、よく怒っていました。「惚《ぼ》けてる人がきてる、あんなふうにはなりたくない」という父の言葉にどう返していいかわかりませんでした。「今日は疲れた。あんなのいやだ。待ってるだけで退屈だった。何かをするということをはっきりいってもらったらいいのに何もいってもらえないので退屈だった。もったいない。こっちも何をしたいといえない」。この発言は、父が自分の置かれた状況をよく理解していることがわかります。

「前は、碁、とか将棋をしていた」と父はいいます。しかし、このようなことをいって、一見デイサービスに行くことをいやがっているように見える父が一番デイサービスで楽しんでいるということはありえます。デイサービスの時に、父が若い時に覚え、その後も折りがある度に歌っていた軍歌をカラオケで歌ったという記録を読んだ時、デイサービスは父にとって言葉でいっているほどにはいやなところではないことを知りました。「軍歌を歌ったんだって？」と父にたずねると「そんなん歌ってない」と言下に否定するのですが。

私自身が病気で入院していた時、医師も看護師も、また見舞いにくる人も皆自在に歩けることを見ると、自分が自由に歩くことすらできないこと、自分が病者であることを強く意識しました。デイサービスでは同じような状態の人が集うわけですから、父が自分は惚けてないというようなことをいうと困惑しましたが、そこで他の人やスタッフと語らうことは大切です。家族が親を在宅で介護することではできないことなのです。父はあれこれ文句はいいますが、デイサービスで人に触れ合うことは、父が一日私とだけ顔をつきあわせているよりも治療的にも効果があるように思いました。デイサービスでは、また今父がいる施設では一日の大半の時間を他の人と共に過ごしています。実際にはテーブルの隣にいる人たち同士でコミュニケーションがないようにも見えますが、父は大きな声を出す人には怒り、スタッフとは昔の話などをしています。

ともあれ、昼間の何時間かの間、デイサービスで過ごすことは、それだけでもありがたいことです。もちろん、父は何もしていないわけではなく、実際には入念に組まれたプログラムにしたがっていろいろな働きかけをしてもらっているのです。

何もしなくても

鷲田清一が、われわれの社会が、何をするわけではないが、じっとそばにいるということの持つ力を評価することを忘れていることを指摘しています（鷲田清一『噛み切れない想い』七六頁）。これを読んで私はそのような力を認めていないことに気づきました。

というのも、私は、一日父と一緒にいても、これといったことをしていないと思ってしまうのです。食事を用意したり、ポータブルトイレの掃除くらいしかしていませんでした。食事以外の時間はほとんど寝ている父と共にいると、自分は何もしていないように思ったのです。そう思ってしまうと、他の人はもっと大変な介護をしているのに、楽をしているという思いにとらわれてしまいました。

じっとそばにいること、鷲田のいう「受動的なふるまい」が持つ意味を認めることができなければ、日々の介護はつらいものになります。決して何もしていないわけではないのです。それどころか、たとえただ横にいるだけでも貢献しているのです。

これは私自身が入院していた時、思い当ったことです。ＩＣＵ（集中治療室）から出られるということは、容態が急変する可能性が低くなったということですが、誰かに近くにいてもらえるだけで安心でした。

私は、父がぼんやりと外を眺めたり、新聞を読んでいる時に、同じテーブルで仕事をするだけでした。父が寝てしまうとなおさら何もすることはありません。ある日「一日、寝ているのだったらこなくてもいいね」といったら、「そんなことはない、お前がいてくれるから私は安心して眠れるのだ」と父がいったことがありました。たしかに私も退院後一人で過ごしている時には不安だったことがあったので、父がいっていることの意味はよくわかりました。

理想の親を見ない

子どもとはこの人生で初めて会ったのであり、その時子どもは当然何一つ自分の力ではできなかったわけですから、子どものどんなことにも喜ぶことができます。親は現実の子どもを前に理想の子どもを見てしまいますが、この理想の子どもは現実の子どもとは関係ありません。それは親が抱くイメージなのですから、そのような、親が子どもについて持つイメージを現実的なものにすることは困難なことではありません。

ところが、親の場合は介護に入る前の歴史が長いのです。介護に先立つ、かつての何でもできた親のイメージが、そのまま子どもの親についての理想になることもあります。

作家の北杜夫が歌人の父親の斎藤茂吉についてこんなふうにいっています。

「子供の頃ひたすら怕《こわ》く煙たい存在だった父は、だしぬけに尊敬する別個の歌人に変貌したのである。私は打って変わって父を尊敬するようになり、高校時代それを模した稚拙な歌を歌ったものだ」（北杜夫『青年茂吉「赤光」「あらたま」時代』iii頁）

次第に茂吉にさす老いの影を北は見逃しません。茂吉は散歩の折りはいつも手帳を持ち歩きました。そこに短歌を書きつけるのです。北はその手帳をこっそりと盗み読み、父がまだ旺盛な創作欲があることを知って安堵したり、逆に拙い歌を見つけては父の衰えに失望しました。安堵することよりも失望することが次第に増えていったのではないかと想像します。

私の場合は、北が茂吉に抱いたような尊敬の念を父に持ってきたとは思わないので、北の話に驚かないわけにはいきませんでした。

先に引いた沢木耕太郎の父親は俳人でした。沢木は父親が詠んだ俳句を本にまとめました。沢木は父親に向かって激しい言葉をぶつけた記憶はなく、ただの一度の反抗をしたことがなかっただろうといっています（沢木耕太郎『無名』二一八頁）。この点は私とよく似ていますが、沢木が幼い頃から父を守らなくてはならない人と感じていたといっているのは驚きです。私は父についてそんなふうに思ったことは一度もなかったからです。

しかし、親のことをずっと尊敬したり、親に好意を持っている人は私のまわりにも多くいます。そのような人にとっては、親の衰え、とりわけ認知症によって過去のことを忘れたり、性格が一変するというようなことがあれば、かつての理想の親と目の前に見る現実の親とのギャップはあまりに大きなものに見えることでしょう。

しかし、その親についての理想をいわばリセットし、現実の親を受け入れることができなければ、親との良好な関係を築くことはできません。親は過去をなくしてしまっているのです。その親がなくした過去はいい思い出ばかりではありません。つらい思い、嫌な思いをしてきたというのに親が過去を忘れてしまったことを割り切れなくても、現実には、過去のことを忘れた親がいるだけなのです。

私たちが親を介護する時にできることの一つは、理想の親を見ないことです。理想の親を見る限り、そこからの減点法でしか親を見ることはできません。親が若い時に「立派」な人であれば、理想と現実との乖離を受け入れることは困難なことですが、現実の親を見て、他ならぬその現実の親と付き合うのです。

親に限らず、誰かが自分のことをよくいってくれても、現実の自分とは遊離した、ただその人の頭の中で作られたイメージでしかない理想を現実の自分と混同している人とつきあっていくことはむずかしいでしょう。この人との前では、自分をことさらよく見せなくても、普通にありのままの自分でいればいいと思えたらどんなに気が楽になることでしょう。

力の譲渡

親自身もできなくなったことがあるとは思いたくありません。例えば親がもはや車の運転ができなくなった時に、それを諦めるように説得することは容易なことではありません。父は、スーパーの駐車場の中で事故を起こしました。幸い、人身事故にはなりませんでしたが、車を停める時に前後の車にぶつけるという事故を起こし、その際、父は後にその時ブレーキを踏むことにはまったく思い至らなかったと回想しています。この事故の記憶は父から消えるのですが、類似の夢を頻繁に繰り返して見るといいました。それは夢ではなくて本当にあったことだといっても、そうは思えないようでした。

問題は、こんなことがあっても、車の運転をしなくなって半年以上も経ってから、時折ふいに免許証はどうなったといいだすことでした。ここは不便なところだから車がないと困るというのです。不便といっても、こちらに帰ってきてからは自分で買い物に行ったことは一度もないのです。しかし、車がないと困るといった時、ふと今一人で暮らしていると思ったのでしょう。

また、親の物忘れがひどくなるというようなことがあって、家族が親に医師の診察を受けさせようとしても、親が頑なに拒否することがあります。

父の場合は、介護サービスを利用するために診察を受ける必要があるという説明をしました。認知症は病識がないことが多く、そのため先にも書きましたが、忘れないようにメモをするというようなことをすることもあまりありません。

しかし、父が物忘れがひどくなったのはかなり前からのことなので、その話を持ち出すことには抵抗しませんでした。年がいけば誰でも物忘れがひどくなるけれども、直近のことを忘れるというのは火の不始末のことなどを考えると危険なこともあるので、それを治すための薬があるのだけど「病院に行かないともらえないから一度行ってみない？」というふうに誘うこともできます。父は薬品関係の会社に勤めていましたから、薬で物忘れが改善するという話にはのってきました。

しかし、このようなことをいうと家族が自分を精神異常者と見なしていると強く抵抗することもあります。受診することに同意し病院までできたのに、憤慨して家に戻るということもあります。薬だけでも飲んでほしいと医師が処方したアリセプトをすべて焼却したという人の話を聞いたことがありますが、家族としては困ったことではありますが、自分が置かれている状況を適切に判断しての行動と見ることもできます。「診察もしてないのに勝手に薬を出すのはおかしい」とその人のいっていることは正当だといえます。

受診の場合も、こんなふうに大変なのですが「私が心配なので診察を受けてほしい」と頼むしかありません。もっともこれは断られるかもしれません。

親は自分の無力を認めたくはありません。プライドが高い親はなかなか素直に自分が無力であることを認めようとしません。しかし、そんな親が助けてほしいというサインを出していることを見逃さないことは重要です。

ある小学生のことを思い出しました。彼は長らく学校に行っていませんでした。通常このような場合には親には静観することを勧めますが、差し迫った問題がありました。毎日、牛乳を二パックしか飲まなかったのです。育ち盛りでしたから、牛乳だけでは命にも危険が及ぶかもしれないので、主治医は入院することを提案しました。問題は、子どもが入院することに同意するかということでした。

部屋に引きこもっていて親とは口頭での直接のコミュニケーションを取れていない状態でしたが、わずかにメモ用紙に用件を書いて部屋の外に置いておくという仕方でコミュニケーションを取ることは可能でした。

そこで、今の状況を説明し、入院する必要があること、ついてはいつ入院するかをメモ用紙に書きました。こうして入院の日時を知ったわけですが、もしも入院したくなかったのであれば、逃げることもできたのです。私は話を聞いてそこまですることはなかったのにとは思いましたが、入院当日、大人が三人部屋に入り、ふとんに寝ている状態で車に押し込み病院へ連れて行ったということでした。それなのに彼がこの時一切抵抗しなかったのは、入院することに消極的にではあっても合意したことを意味しています。もはや牛乳だけではやっていけないのに、子どものほうからそれまでの方針を撤回することを申し出ることはできない状態だったように思えました。一見、強行手段に見えますが、子どもにすれば抵抗しようがなかったのだと思えますから、子どものプライドを傷つけることなく、子どもからの助けてほしいというサインに応じることができたのでしょう。

親の場合もプライドが高いと、自力ではもはやできないことがあっても、子どもに援助を依頼することはできません。子どものほうから援助を申し出ても同意しようとはしないことがあります。親のプライドを傷つけることがないように工夫することが必要です。

言葉として意志を表明できない時、親がこの子どものように言葉によらない方法で間接的にしてほしいこと、あるいは、してほしくないことを伝えることがあります。父が施設に入所する一週間前に腰椎圧迫骨折で入院したことも、今になって思えば、入りたくないという意志表明だったのかもしれません。

子どもも力の放棄を

自らの意志であれ、説得によってであれ、親が力を放棄したのであれば、子どももその力を放棄するのでなければなりません。

親が自分の身に危険が及ぶようなことをすることがあります。危険なことをしているという自覚がないこともあります。父がテーブルに乗ってエアコンを切ろうとしたことは前に書きました。そのような場合は、毅然とした態度で止めることは必要です。

この毅然とした態度には、必要があれば危険を回避するために大きな声を出して止めなければならない場合でも、怒りの感情は伴いません。怒りの感情が伴う時には、毅然とした態度ではなく、威圧的な態度を取っているのです。

親が無力だからといって力を行使することは論外ですし、強い口調でいって聞かせるというのも、即効性があるように見えても、そうすることから起こる副作用があまりに強すぎます。

当事者でない人も威圧的な態度を取っている人の近くにいると、本来自分には関係がないはずなのに怖く感じることがあります。このようないい方をして親の行動を正そうとしてみたり、危険なことをしようとした時にそれを止めようとすることは、親子の関係を損なうことになります。

感情的にならないでいることは、最初は簡単ではないかもしれませんし、穏やかに話ができても、またすぐに同じことが繰り返されると冷静でいることは簡単ではありません。しかし、粘り強く、してはいけないこと、危ないことを伝えていくしかありません。

親が何度も家族を困らせるようなことを繰り返すというのであれば、こちらの伝え方に改善の余地があると考えるほうが論理的です。もっと強くいえば親は子どもから見て問題と見える行動をやめるという希望を捨てることができません。しかし、同じことが繰り返されるのであれば、伝え方に改善の余地があるからです。説明してもわからないとあきらめたくなることはあるかもしれません。しかし威圧的な態度で親に注意をすれば、親の行動が改まらないだけではなく、親にも子どもにも後味が悪いものです。親はその時のことを覚えていないかもしれませんが、その時の感情は残るように見えます。

父は、私が穏やかに説明すると、少なくともその時はわかったといいます。本当はわかってないだろうにわかったといっているのではないかなどと親の気持ちを忖度する必要はありません。言葉をそのままに受け止めればいいのであって、後に何かまた問題が起これればその時に考えればいいのです。ある日、父はいいました。

「お前がしてはいけないということはしない」

権力争いから降りる

父が忘れてしまったり勘違いをしていて、そのことを私が質すと父の機嫌を損じることはよくあります。たしかに私がいっていることは正しいのです。しかし、正しさに固執してしまうと、父との間の権力争いが起こります。問題はこの権力争いを終わらせようとして、相手を権力争いから降ろさせることにあります。

ある日、父をひどく怒らせてしまったことがありました。十一時五十分。時計を見た父が、「めししようか」といいました。私は昼食の時間が近づいているのは知っていましたが、仕事が中断できないところにさしかかっていたので、「まだ十二時になってない。少し待って」といいました。父のところへ毎日、本とコンピュータを持ち込んで、空いた時間に原稿を書き進めていました。私がそういうと父は激昂しました。

「お前というやつはなんと細かいことをいうのだ。十二時じゃないか」

「何もしていないわけではない。〔仕事の〕段取りというものがあるんだ」

切りがいいあるところまで書いておかないで中断してしまうと、後からまた書き継ごうと思っても何を書こうとしていたかをどうしても思い出せないということがたびたびあったので、その時は父に譲らないでおこうと思いました。うっかりしていて昼を回っていたのなら、すぐに食事の準備にかかったのかもしれないのですが、まだ時間があったのです。

すると、父はいよいよ怒りました。

「わかった。もういい。何もしなくていい。放っておいてくれ」

常の昼食の時間を過ぎていたわけではありません。ですから、私が父にしばらく待ってほしいといったことは間違っていたわけではありません。私としては譲れぬ必要な時間だったのです。しかし、たった十分のことで父とこれだけもめるのであれば、仕事を中断してでも父に合わせるほうが、後々いやな思いを引きずらずにすみ、余計なエネルギーは使わなくてすみます。もしも、そうすることが悔しいという思いがあれば、たとえ感情的にならなくても、権力争いに陥っているのです。「私は間違ってはいないのだ」。そう思う時、人は権力争いに入り、その時、正しいか否かは、もはや主たる問題ではなくなってしまいます。

一般的にいうと、相手の要求を断ることが相手との関係を致命的に悪くすることが明らかな場合は、譲ることも必要です。

どちらかが正しいかということが起こらないような関係を築くこと、たとえ、何かのことでぶつかることがあっても、権力争いから降りれば生活は平穏なものになります。

親を責めない

親が今し方食事をしたことを忘れることがあった時、そのことを責めるのでなくても、食事をしたことを認めさせたいという思いからはなかなか抜け出すことはできませんでした。食べたことを忘れてもお腹はふくれているだろうにと思うのですが、看護師さんにたずねると満腹中枢の働きも衰えているかもしれないということでした。

私は若い頃、毎週、大阪まで読書会のために先生のところに通っていたことがありました。家には先生のお母様が同居されていて、皆で本を読んでいたら、居間に出てこられました。「ご飯食べたか?」とたずねるお母様に先生の奥様はにこやかに「食べられましたよ」と答えられるのを、当時は親の介護のことなど少しも考えもしなかった私は、こんなふうに答えられることに驚きましたが、それが容易ではないことは父の介護をするようになって初めて気づきました。

四半世紀後、私も読書会を開くことになりました。住んでいるマンションでは手狭で、私が生まれ育ち、結婚後、しばらく父と同居していた家はそのままにしてあったので、そこで読書会を何年も開いていました。ところが、最初に述べたような事情で父が戻ってきましたから、読書会を続けることができるかを危ぶみました。その時、若い頃に参加していた読書会のことを思い出しました。後には読書会の日にあわせて父にはデイサービスに行ってもらうことになりましたが、父が帰ってきた最初の頃は、皆で本を読んでいる隣の部屋で寝ている父は、人の気配を感じて、時折、様子を見に出てくるのでした。父はそのたびにたくさんの人がきていることに驚いて、挨拶をするのですが、一眠りして出てくるとまた同じように驚き、「こんにちは」と挨拶しました。

こんなことがあっても、読書会にきている人は誰も驚かないで、それどころか父を受け入れてもらえ、うれしく思いました。子どもが泣いている時、一人であれば冷静になれないのに、一人でなければ、泣いていることを受け入れるゆとりが持てるのに似ています。常は父と二人きりなので、気が張り詰めているのですが、人がたくさんいると何が起きても平気というふうに思えました。父と二人でいる時にも、冷静に、大事に至らないことであれば少しのことに一々動じることなく父に接したいと思いました。食事をしたことを忘れても、何度も「こんにちは」と挨拶するというようなことがあっても、誰にも何も実害などないわけですから。

深刻にならない

育児の場合も同じですが、真剣と深刻は違います。親の介護は真剣に一生懸命しなければなりませんが、だからといって深刻になる必要はありません。援助を必要とする親と関わる時には、怪我をしないということ一つ取ってみても手抜かりがないように配慮する必要があり、その意味で介護は真剣なものでなければなりませんが、介護が大変だと眉間に皺を寄せため息をつかなくてもよいということです。そうするのは、一つは親にどんなに大変かわかってほしいということがあります。ただし、私の親のような場合ですと、親にはわかってもらえません。そのことを素直に認めることができれば、親とぶつかることもないのですが、実際にはむずかしいことがあります。

もう一つは他の、本来自分と同じほど介護に関わっていいはずなのに、様々な理由で介護しないですむ他の人に、どれほど大変かわかってほしいからです。もちろん、介護は大変ですが、そのことを他の人に伝えるのにつらそうにすることはありません。この場合も大変であることを理解し、代わってもらえたりすれば、大変そうにするのは効果があるといえるでしょうが、そんなふうにしてみてもこちらの意図が通じなかったり、たとえ通じても介護をすることを拒否されたら、心穏やかでいることは容易ではないでしょう。要は、介護を援助してほしいということを言葉で伝えればいいので、そのためにつらそうにする必要などありません。もちろん、言葉で頼んでみても引き受けてもらえるとは限りませんが。

こんなふうに大変であることをことのほか他の人に強調する時、介護者は真剣というよりは深刻になっているのです。

介護を楽しむ

このように書くとたちまち反論されることを承知でいうなら、親の介護をすることを楽しんでいけない理由はないのです。深刻である必要はありません。介護を真剣にしていれば楽しむことができます。

親がどこかに連れて行ってほしいというので休みごとにあちらこちらへ連れて行っているのに、そのことを親はすぐに忘れてしまい、どこにも連れて行ってくれないと文句をいわれるという話を聞いたことがあります。親をどこかに「連れて行く」のではありません。桜の花が咲けば、親に花が咲いたのを見せるというよりも、自分が桜を見たいと思い花見を楽しんでいいのです。その花見に親と一緒に行き、親が花見を楽しむのです。

このように思えれば、たとえ親が後になって花見に行ったことを忘れても、そのことを苦にしたり不満に思う必要はなくなります。反対にこのように感じられない人は、ちょうど妻子を毎週どこかへ連れてやっているという人と同じです。妻や子どもは夫、父にどこかへ連れて行かれたのではなく、一緒にその地へ行き、楽しんだのです。親も同じです。

理由は要らない

父の介護をしていた頃は、週に一度講義に出かけなければならず、ヘルパーさんがこられるまでに二時間ほど父は一人でいなければなりませんでした。朝食後、父は大抵寝るので、危険なことは起こらないだろうと気にはなりながらも出かけました。ところが、講義に出かける日に限って、朝食後いつまでも寝ようとしなかったり、寝てもすぐに目が覚め、朝から食事をしていないと思い込んでキッチンへ行こうとするようなことがありました。それでも何とか父を昼間一人で置いて出かけることができるのであれば、他の日も同じように、父が一人で過ごせないわけではなかったはずです。

要は、仕事があるという理由は、親を一人にすることを正当化するために必要だったように思うのです。買い物は、大抵ヘルパーさんがこられている間であったり、夜に行っていましたが、その時間に行けない時は、父に買い物に行くからと断って出かけることができたわけですから、四六時中目を離せないわけではありませんでした。実際には、そのわずかの外出の間にトラブルがあって、仕事という特別なことでもなければ父から離れることをむずかしく感じていたわけですが。

親との関係がうまくいかないと感じること、親を前にするとイライラしたり、怒ってしまうということも、親の介護ができないことを正当化する感情なのです。親のところへ行くと思うだけで気が滅入るというのも同じです。そのようなイライラ、怒り、憂うつなどの感情が起こるので、親のところへ行って介護ができないというのではありません。反対に、親のところへ行きたくないという気持ちを正当化するという目的が先にあって、その目的を達成するためにこれらの感情を創り出していると考えるほうが、介護者に起こっていることを適切に理解できます。

わずかな時間であれば親から離れることが可能であることを前提とした話ですが、それではどうすればいいでしょうか。親から離れているために、理由を持ち出さなくてもいいのです。つまり、不安や怒りなどを感じなくても、ただ離れる。仕事を理由にしなくても、ただ離れるのです。

母の介護を十年続けた絵本作家の言葉を落合恵子が引いています（落合恵子『母に歌う子守唄』七六〜七頁）。

「あの夜、わたしは駅前の喫茶店でコーヒーを飲んだの」

母親は待っている。でも、このまま帰りたくないと思ったとその作家は思いました。

「でも、あの夜のわたしはどうしてもコーヒーを一杯ゆっくり飲んでから、帰りたかったの。どうしてもどうしてもそうしたかったの。あのまま家に直行するのはいやだったの。……まだ帰りたくないという、わたしの気持ちが通じたのかしら、娘をこんなにも疲れさせてはいけないと思ったのかしら、母は翌朝早くに亡くなった……」

落合はこう語る彼女に「そんなにご自分を責めないで」としかいえなかったと書いています。

コーヒーを飲み、家に直行しなかった翌朝に亡くなられたので、この時のことが強くこの絵本作家の印象に残っているのでしょう。先に書いたことと関連させていうと、親から離れる時には理由はいりませんし、ここでいわれているように家に直行しないでコーヒーを飲むことに特別の思い入

れをする必要はないと今は考えています
　コーヒーを飲んでから帰ったことと翌朝亡くなられたことにはもちろん因果関係はありません。昔、母が死んだ時、病院に寝泊まりしていました。後、こんなことが一週間続いたら、私の身体がもたないと思った矢先に母は死にました。そのことで長く自分を責めましたが、今はそんなふうに思う必要はまったくないと思えるようになりました。いうまでもなく、私がそのように思ったことと母の死には何の因果関係もないわけです。こんなことは冷静になればわかることですが、介護の渦中にある時は冷静な判断力を失って、深刻になってしまいます。

介護と育児との違い

　子どもたちを保育園に朝夕送るという生活を七年半続けたことがあります。小学校に入れば育児が終わりというわけではありませんが、それまでは子どもは一人では保育園に行けなかったのに、親が送らなくても学校へ行き一人で帰ってくるようになると、親の負担はかなり軽減するというのは本当です。育児は大変ですが、日々子どもの成長を感じ取ることができます。昨日できなかったことが今日できるようになり、今日できないことも明日にはできるかもしれないという希望を持てるからです。だからこそ、子どもと日々関わることがどれほど大変であっても、育児の苦労は子どもの成長によって報われるといえます。

それに対して、介護は育児とは反対に、今日できたことが明日はできなくなり、今日できていることも明日にはできなくなるかもしれない親の世話をすることです。成長が喜びなら、退歩は悲しみである……こんなふうに育児と介護の違いが説明されます。育児は子どもが自立すれば終わりますが、介護はずっと続き、その意味で、介護は育児と違って「出口」が見えないというわけです。しかし、これは本当でしょうか。出口は本当は見えているのです。ただ「いつ」その出口に到達するかが見えないだけです。出口とはいうまでもなく親の死です。ですから出口が見えないのではなく、出口を見てはいけないと思っているというのが本当です。

作家の沢木耕太郎が八十九歳の時に脳出血で倒れた父親の介護をした時のことを書いています。沢木は、病床の父親のそばにいた時、自分がひどく疲れていることに気づきました。何もしないでただベッドの脇で椅子にすわっているだけなのに、原稿書きなどで徹夜した時よりもはるかに疲れるというのです。「深くて重い、鈍痛のような疲労」（沢木耕太郎『無名』五〇頁）。それはただ待つということからくる疲労感であり、何を待つのかわからず、ただ待つことができないことからくる疲労感です。

沢木は、朝がくるのを、時が過ぎていくことをただ待つといっていますが、ただ時を待っているのではなかったのを知っていたことでしょう。

「私の思いは複雑だった」（沢木、前掲書、一二五頁）

父はこのままただ死を待つことになるのか。なんとか生かしたい。しかし人には死すべき時というのがあるだろう。「漠たるものではあったが」今が父の死すべき時なのではないか。そう沢木は思いました。

私の父の場合はこのように出口が間近に見えているわけではありませんが、「死を待つ」という点においては、沢木の場合と同じです。

介護は父の時が初めてではありません。母が脳梗塞で亡くなったのは、私がまだ大学院生の時でした。当時、妹は既に結婚し、父は仕事があったので、時間が自由になる私が病院に行き、母の病床にいるという日が続きました。休みの日は代わってもらいましたが、平日は毎日十六時間母の側にいました。「いた」のであって、介護をしていたわけではありません。これは今から四半世紀も前のことなので、その頃介護という言葉が一般的だったかもわかりません。私がしていたのは、看病というわけでもありません。なぜなら母は入院していたのであり、しかもＩＣＵにいて、すべてのことは医師と看護師がしていたからです。当時は完全看護ではない病院があったということなのでしょうが、毎日病院にいるようにいわれたのは、母がいつ何時死ぬかわからず、もしもの時に家族が近くにいることを病院から求められていたのでしょう。実際、病気は予断を許さず、三ヶ月の闘病のうち後の二ヶ月は意識がまったくありませんでした。

このように実質的には何をするわけでもなかったのに、母の病床に居続けることで私は疲れ果て、ある日、こんな状態が後一週間続いたら私が倒れてしまうと思いました。この時期、私は、自分では認めたくはなかったのですが、母の死をずっと待っていたのです。そんなふうに思ってしまったということです。そんなことを少しでも思った途端、ひどい罪悪感にとらわれたのも本当で、結果的には、私がこんなことを思ってほどなく母は死に、病院での暮らしには終止符が打たれたのでした。もちろん、私が後一週間この状況が続けば倒れてしまうと思ったことと、母の死には先にも書きましたが何の因果関係もありません。しかし、そんなことを考えるほど追い詰められていました。母が死ななくても、もしもその後も病院に居続けていたら、自分も他の人も私が母の近くにはいられないと納得できるような、例えば何かの神経症になっていたかもしれないと思います。

結果論ですが、母の時の介護はすぐに終わりましたが、介護はたしかに先が見えません。もしも、その先にある出口が親の死で、親の死を待っているというふうにしか考えられなければ、介護はつらいものになるでしょう。

しかし、私はただ待っていたわけではないのです。先に、これといってすることがないままに父のところにいることについて書きました。じっと待っているといっても、長い目で見れば、ただ何もしないで待っているはずもありません。いつのまにか、しかも本当はもっと長く親の元にいてほしかったのに親が思っているよりも早く子どもが自立してしまうように、親も思いがけず早く逝くことになるのだろうと今は想像しています。

育児と介護は比較できない

子どもであれば時の経過が成長を意味するが、親はそうはならないというのはある意味本当です。親が記憶や認知能力を次第に失っていくことを退歩と見ないでいることはできるでしょうか。

かつてはできたことができなくなったと見てしまうと、親の言動を「減点法」でしか見ることができないことになります。同じことが、親が子どもを見る時にも起こります。例えば、親がいつも理想の子どもを念頭に置いて、現実の今日の前にいる子どもと接する場合です。親にとっては、ゲームに夢中になったりしないで勉強し、親に反抗することなくいつも従順であることが子どもの理想です。

しかし、現実にはそのような子どもはどこにもいないわけですから、親は理想の子どもから現実の子どもを引き算して見てしまいます。学校に子どもが行かなければ、たとえ家にいて家事を手伝ってくれてもマイナス。親は子どもに「そんなことしなくてもいいから学校に行きなさい」といってしまうのです。

それでも子どもであれば、ことに子どもが小さければ、できなかったことができるようになれば、どんな些細なことでも親はそのことを喜びに感じることができます。

ところが、親の場合は、以前は何でもできたわけですから、あれこれできなくなると、かつての親から引き算してしまい、こんなこともできなくなったのかと口に出さないまでも、前にできたことが今はできなくなったことに子どもは落胆したり、困惑してしまいます。

どうすれば「加点法」で見ることができるでしょうか。それは、生きていることそれ自体へ注目するのです。これについては後で見ます。

介護の目標は自立か

介護と子育ての類比で話を続けるならば、子育ての目標が自立であるように、介護も自立を目標にしていいかはむずかしい問題があります。

父は「何でもできると思っている」というのです。実際には何でも自分でできるわけではないのに、できると親が思っていると介護者は困ります。事実、できないことをできると思ってされると後が大変だったり、場合によっては危険なことがあります。自尊心を傷つけず、できないと認めてもらうためには工夫がいります。

父は、実際には食事も服薬も自分でできないことばかりといっていいくらいなので、何でもできると父がいうことに驚きました。しかし、親が自分で何でもできると思うほうが、たとえ実際には家族の助けがあるからそう思えるのだとしても、何もできないといって何もしようとはしないというよりは望ましいともいえます。

次に、まわりが自力で何もかも〈させる〉べきだと考えるのはおかしいと思います。時には、本人が自力でできることであっても、まわりが援助してもいい場面はあります。立ち上がるのに難儀している人を見た時、さっと手を差し伸べたからといって、そのことが親の自立心を損なうことになるとは思いません。援助された人も、差し出された手を握って立ち上がったからといって、依存的になり自分では何もしなくなるようになるわけではありません。田辺聖子が次のように言っていることに私も賛成です。

「長い時間かかってやっと自分で服のボタンをはめられる人が、自立ってことになるなら、おかしいわね。介護って、思わず手を出して歩くの助けてあげるという精神が大事」（田辺聖子『わたしの介護ノート1』所収、九九頁）

私は医院に勤務していた時、足を捻挫したことがありました。医院の勤務を終えた後、大学の講義に向かおうとしていたのですが、急いでいて階段を踏み外したのです。幸い骨折には至らなかったのですが、思っていた以上に痛みはひどく、受診したところ全治二週間と診断されました。

そこで二週間休むことになりました。最初一番困ったのがトイレに行けないことでした。トイレは階下にあったので階段を降りる時に、どう松葉杖を使っていいかよくわかりませんでした。その上、激痛があったので、階段を下りるためには息子の肩を借りなければなりませんでした。息子は気持ちよく引き受けてくれました。息子が中学生だった時のことです。親と子どもの立場が逆転した思いでした。ありがたかったのですが、慣れなくて居心地が悪い思いもしました。

父は帰ってきた当初こんなことがありました。私が息子の手を借りて降りたのと同じ階段を父もおぼつかない足取りでトイレに行くべく降りて行っていました。ゆっくりと降りるので間に合わず下着を汚すことが再三再四ありました。今となっては、父の気持ちを考えられてなかったと思うのですが、間に合わないのならと私が捻挫していた時に使っていたように溲瓶を使うように渡したところ、父は断乎として拒否しました。

退院後は、転倒、骨折を回避したいので、父が入院している間に手すりをつけた階段を一度も使うことなく、ポータブルトイレを使うことにしましたが、これも父はすぐには受け入れてくれませんでした。尿意があった時、トイレに行こうとしました。ところが、場所がわからず混乱するので、ポータブルトイレを使うようにいっても、「いいんか、ここで?」と確認したものです。

自分でできるのに他の人に頼るのは依存であり甘えですが、自分ができないことについて他の人に援助を求めることができることは、通常の意味とは違いますが、自立といえます。反対に、できないことでも何でも自分でしようとすることを自立とはいいません。

老いを肯定的に見る

若いことにこそ価値があると思う親は、老化は何としても避けたいと思います。しかし、それは叶わぬことです。子どもにいわれるまでもなく、自分でも現実の自分を理想の自分から引き算して見ているわけです。

「むかしと変わらないなんて言葉は、ただごまかしかもしれない。そもそも年齢の変化がきちんと表に出ることを、なぜ厭わなければならないのだろう」（堀江敏幸『めぐらし屋』一五〇頁）

堀江敏幸は小説中の登場人物の一人にこんなふうにいわせています。年齢を重ねても、それが外からはあまりわからず、いつまでも若く見られたいと思う人は多いでしょうが、若く「見える」というだけであって、実際に若くあるということは不可能なことです。

人生はいつも後戻りはできません。身体も同じです。不可逆的であり、老化から誰も逃れることはできません。人は歳を重ねていきますが、しかし、それはただ若さからの後退を意味するわけではありません。歳を重ねることに肯定的な意味を見出すこともできるはずです。

もしもそうすることを親ができなければ、まわりにいる人が老いを肯定的に見られるように援助したいのです。

変わらないことに喜びを

他の人の子どもの成長は早いという話はよく聞きます。子どもが幼い時は、少しの間も目を離すことができず、一日一日が大変で、一年の歩みが早く感じられるというようなことはありませんでした。他の人はそんな日々の積み重なる苦労を見ていないので、久しぶりで見る子どもの成長に目を見張るばかりですが、親は子どもをそんなふうに見ることはできません。それでも自分の子どもであっても、その成長の跡は見て取れますし、ふと気づいた時には、ついこの間までできなかったことができるようになっていることに驚かされます。

親の衰えは子どものこのような成長とは反対であるかというと、必ずしもそうはいえません。たまにしか父に会わない人は、常に父の近くにいる私ほどには、父の変化に気づかないのです。めったに会わない人であれば、父の変化を見て取ることはできません。

育児の場面でのように、できないことではなく、できたことに注目すれば、子どもと同じく、昨日できなかったことが今日できるようになったということがあるかもしれないと思うのですが、実際にはできるようになったことを見つけることは簡単ではありません。

しかし、昨日と変わらないことならいくらでもあります。中には急速にできなくなることもあるでしょうが、できなくなるとしても時間をかけて徐々にできなくなるので、短期的に見れば、昨日と今日とでは変わらないことのほうがむしろ多いはずです。親との関係においては、この変わりがないということを喜びたいのです。

今ここに注目する

過去と今を比べ、子どもの成長には目を見張り、親の衰えには落胆することはあるでしょう。しかし、子どもでも親でも共にいられる時間を大事にすれば、子どもの成長はゆっくりと、親の衰え、病気の進行は遅く感じることができます。

父と今ここにいることを実感できるのは、一緒に笑える時です。一緒に笑う、笑いを共有する時、父と私の意識が指し示す方向が同じであることが実感できるからだと思います。父と一緒にいても、大抵は父は違う方を向いていて、たとえ、何人かで食事をしても父はその中に入ってこられません。みんながまだいるのに、自分が寝ようと思ったら、暑いので開け放ってあった窓を閉めて寝に行こうとしてしまいます。何とか父と同じ場にいたいですし、同じ方に目を向けたいと思います。父と私が同じ時に笑う時には、それが実現していることがわかるのです。

今に集中する

過去を忘れなければ今に集中することはできません。認知症の人の生き方はむしろ私たちにとってモデルではないかと考えることもできます。

「あなたはあの時こういった」といつまでも過去のことを覚えていることは不幸なことかもしれません。よい思い出ならまだしも、何かのことでもめたようなことであれば、そのことを思い出すだけでも、相手との関係を悪くしてしまいます。

むしろ、今、目の前にいる人との関係をよくはしないでおこうという決心がまずあるので、過去の無数にある出来事の中からその人との関係がうまくいかなかったことを思い出すというのが本当です。

そうすると、親が過去のことを覚えてないということは、過去のことを思い出す必要がないということであり、過去に何があったかはもはや問題とはせず、今、まわりの人との関係をよくしたいので、過去のことを思い出す必要がないと見ることができます。

父は、忘れてしまったことはしかたがないという言葉に続けて「いっそ全部忘れて一からやり直したい」といったことは先に見ましたが、誰かとの関係がうまくいかなくなったけれども、何とかしてその人との関係を再建したいと思った人で、それまでのことをすべて忘れたいと思わなかった人はないでしょう。過去を忘れることは、思われているほど悪いことではないといえます。

父はこういいたいのではないかとこの父の言葉を聞いて思いました。「忘れてしまったことはしかたがないが、今、そしてこれからの時を大切にしたい」。これは、諦めではなく、未来に向けて生きることの決意表明と見たいのです。そして、この父の決意表明を受けて、まわりはそれを援助することができます。

無理に思い出させなくてもいい

時に記憶の選別はまわりから見ればおかしく思えることもありますが、実害がなければ訂正したり、思い出させる必要はないと私は考えています。

写真を見せて父親が亡くなったことを母親に納得させようとしているという人のことを聞いたことがあります。父が母のことを覚えていないというのを聞くのはつらいです。父が戻ってきたこの家で、私も妹も暮らしていたこと、母が亡くなってからは私は結婚し、私と妻、父と三人で暮らしていたことを話しても、父は覚えていないといいます。父が母のことを忘れたという時、両親と暮らした私の人生までもが消えてしまったように思ってしまうからかもしれません。遠い過去のことでなくても、誰かと二人だけでいた時に起こったことについて、相手が知らない、覚えていないといえば、それが実際にあったことを証明することはできません。

しかし、父が過去を忘れたことで私の過去も消えてしまったかのように感じ、そのことをつらいと思うことは、私の問題であって父には関係がないことです。父が母のことも含め、たとえ私が重要だと思うことを忘れていても、父は「今は」それを思い出す必要がないので思い出さないのです。

先に引いた、もうろくは濾過器だという鶴見俊輔の言葉は次の言葉に続きます。

「もうろくをとおして
心にとどまるものを
信頼する。

もうろくは濾過器」
（「もうろく帖」『鶴見俊輔　いつも新しい思想家』七五頁）

わけがあって、あることを忘れ、あることを心に留めているのです。このことをまわりにいる人は信頼しなければなりません。

忘れていたことを何かの拍子に、例えば会話が過去の話になり、そのことで過去のことを思い出して親が苦しむことがあっても、それは親が自分で何とかしなければならない感情です。親が忘れていた過去を思い出すことまで止めることはできません。

しかし、まわりが写真を見せたりして無理に思い出させることは親をただ混乱させるだけかもしれません。もちろん、そんなふうにして思い出してつらい思いをしたとしても、それが今の父に必要なことでなければ、すぐに忘れてしまいますからあまり心配するには及びません。

このように、親がある時ふいに忘れていたと見えていたことを思い出すことがあります。父の場合、一度忘れたからといって、その記憶が二度と戻ってくることがないというわけではなく、ずっと前から忘れずに覚えていたかのように話をするので驚いたことは度々ありました。

何度も繰り返し語られる話は親にとって重要なことなので、その話はきちんと聞いてみたいのです。実際には何度も同じ話が繰り返されると、聞くほうは大変なのですが、同じ話を聞くことにもこつはあります。友人の精神科医はいっていました。祖母が彼に話を始めてしばらくすると「この話、前にもしたか？」とたずねるというのです。そこで彼はこう答えました。「前にも聞いたよ。でもおばあちゃんの話は何度聞いてもおもしろい」

注意して聞いてみてください。毎回、まったく同じ話であることはありません。同じことについての話ではあっても、話の度に力点の置き所が違っていたり、省略がされたり、追加がされたり、変化があるはずなのです。反対に、親が毎回必ず同じ話をするなら、それはそれで一字一句変わらないということに注意を向けて話を聞くと興味深く聞くことができます。聞くほうが、また同じ話かと思ってしまうと、親の何度も繰り返される話を楽しむことはできません。

父は徴兵を待たず、予科練（海軍飛行予科練習生）に志願しました。年の離れた兄の影響によるものでした。父は奈良で訓練に励みましたが、幸い実際に飛行機に乗っての訓練を受ける前に戦争は終わりました。もしも戦争が長引いていたら、父も特攻隊の一員として戦死していたかもしれません。

訓練中、一度ムスタング戦闘機による機銃掃射を至近距離で受けたことがありました。父は、家の横に走っている道路を指して、「ここからそこくらいまでの距離だった」とその時怖い思いをしたことを話してくれました。

「実際にはもっと遠くからだったからかもしれないが。その時、死というものが恐ろしいとつくづく思った」

なぜ志願したのかと問うと、父はこう答えました。

「国のためなんて考えなかった。どうせ二十歳になったら戦争に行かないといけないのなら早く行っとけばいい。みんなが入ってくるまでに少しでも偉くなってやろうと思った。軍隊に入るのは名誉なことだった。そんな単純な気持ちだった。死ぬということは考えなかった」

戦争が終わり、父は帰ってきました。

「八月二十五日ぐらいに帰ってきた。そうしたら一日前に父は亡くなっていた。葬式の準備の最中だった。栄養失調だった。母は肺湿潤で十二月に亡くなった」

二人ともまだ六十代でした。

私はこの話を聞いてすぐに書き留めましたが、別の日に聞いた話はこれとは違っていました。戦争から帰ってくると父を見つけた近所の人が「間に合ってよかった」といいました。母親の葬式の当日だったのです。父親も前に亡くなっていました。

どちらの話も父が戻ってから聞いたのですが、それ以前に聞いていた話では二人とも父が戦争に行っている間に亡くなったというものでした。

ともあれ、私はこの話には無理があるので、詳しく問い質そうかとも思いましたが、そうはしませんでした。父は外地へ戦争に行っていたわけではありません。奈良の若草山で撮影された写真が残っています。当時は親が亡くなっても帰ることはできなかったのでしょうか。たとえ帰れなかったとしても、父親が病死したことを何らかの仕方で伝えることができなかったとは思えません。

しかし、重要なことは事実ではなくて、父にとっての真実です。機銃掃射のこと、両親の死について話していた頃の父にとって、今生きている世界は怖いという思いが強かったのかもしれません。両親の死についての話が繰り返されるのは、父が自分自身の死について思うところがあったからかもしれません。

やがて父はこの話をしなくなりました。その代わり、先にも書きましたが、「前の家」の話を繰り返しするようになりました。前の家というのは、父が結婚するまで暮らしていた家のことです。その家や近所の様子を詳細に話します。父はおじの家に養子に入ったのですが、その前に父の妹が養女になりました。家の後を継ぐはずだった息子が病死したからでした。

「しかしおかあさんがきつい人で、合わなかった。そこで私が養子になった。私は男だから、それに昼間は仕事で家にいないからうまくいった」

このように語る父の思い出の中には、祖母の矢面に立ったであろう母のことは出てきません。

しかし、概して、この記憶はよき時代の記憶で、可能ならば、その時代に戻りたいといいそうなほど楽しい時代の記憶でした。父がその頃のことを肯定的に思い出すというのは、今がまた父にとってはつらい時ではないということを示しています。

ですから、父の変化に気づいた私は、父が「前の家」の話をして、母のことや施設に入る前に私が介護をしていたことをすっかり忘れていることを責めたりはしないで、今穏やかな日々を過ごせていることをうれしく思うのです。

たとえ忘れられても

少しずついろいろなことがわからなくなっていく父を見ていて、もしも私の妻が認知症になって私が誰かわからなくなってしまったらどうするだろうかと考えていました。妻がもしも私のことを忘れたら、またその時点であらためて恋愛すればいい。そんなことを考えていました。「あなたは私の妻だったのだよ」と写真などを見せても、愛が戻るはずはありません。過去において愛することはできません。今しか愛することはできないのです。もちろん、未来のことは誰にもわかりません。認知症であろうとなかろうと、毎日関係を更新しようと思い、関係を昨日からの続きとは見ないで今日新しく始めるという心構えが要ります。

忘れてしまった過去を思い出させようとするのではなく、今からやり直すのです。日々愛を更新するのは病気かどうかとは関係がありません。

ある日、父は写真を見せられて母のことを思い出したといったそうです。私はその場には居合わせませんでした。思い出したという時、父は何を思い出したのでしょう。母の顔でしょうか。母と暮らした日々をでしょうか……母に対して持っていた気持ちを思い出したとは考えられないのです。

東京の叔父が見舞いにきました。この叔父の妻が父の妹に当たります。父が、この母よりも早く亡くなった叔母がきたといってきかないことがありました。「おばさんはもうずいぶん前に亡くなられたの」といっても、父の心に少しさざ波ができたくらいで、すぐに次の話に移りました。

認知症は、歯が抜ける時に似ています。抜ける前はぐらぐらしていても、何とか持ちこたえているのに、抜けてしまうともう元には戻りません。抜け落ちた歯（過去）は親知らずのようなもので、大きな歯なのでまわりは驚きますが、今は必要のないものなのでしょう。父はいつも自在に時空を飛びます。「あれはしずこ（父の妹）だったかな？」という質問は子どもにする問いではないでしょう。父にとって私は一体誰なのか。「誰でもいい」というのが答えなのかと考え込むことになりました。

そのまま受け入れる

父と話をしていると、話にはきちんと筋道があって、聞いている人は父の話がおかしいとは気がつかないことがあります。おかしくはないのですが、例えば私が結婚していることを理解しない父の話を聞いたヘルパーさんが父の話を信じて、真相を私にたずねられたことがありました。父の話は、ちょうど夢を見ている時のようです。夢の中での体験は筋は通っていることがあります。しかし、どれほど筋が通っていても、夢はあくまでも夢であって現実ではありません。目が覚めればおしまいです。あるいは、目が覚めなくても、これは夢なのではないかと思い始めた時点で夢の中で展開した論理は破綻します。あるところからは筋は通っているのですが、いわば砂上の楼閣で、目が覚めたらぐらりと楼閣は倒れ消えてしまいます。父の論理は目を覚ますことのない夢見る人のようなところがあります。私のことを知る人がたずねました。「そんなことはないでしょう、息子さんは結婚されているでしょう」「いや、私は結婚式に招かれたことはない」。自信たっぷりにこういわれると、たずねた人の確信のほうがぐらついてしまうかもしれません。

話の内容がおかしくても否定してはいけないとよくいわれますが、否定しないというよりは、相手の論理でこの世界を見直してみようと思えばいいのではないかと思うのです。

現実的な基盤のない私的論理を否定する必要はありません。否定する必要があるとすれば、自他に危害が及ぶという場合です。その場合は毅然とした態度で止める必要があります。自分や他の人を傷つけよという声が聞こえるというような人には、そんな声が聞こえてきても聞かなくていいと話します。このようなことでなければ、私的な論理をあえて否定する必要はありません。

父は食事を食べたかどうか忘れてしまうことがよくありましたが、そんな時、「さっき食べたばかりではないか」というようなことをいわずに、ただ例えば「夕食はさっきすんだよ」といえるまでにしばらく時間がかかりました。

ある日、朝食後寝てしまった父が、十時頃に思い詰めた表情で起きてきました。体調を崩して入院、二ヶ月後に退院して家に戻ってきた頃のことです。

「今日中に帰るわ」

驚きましたが、いったんソファにすわらせ、話を聞きました。父は、ここは仮の住まいで「あっち」へ帰らないといけないと思っているのでした。

「そうか、でも、どこにも帰らなくていいんだ。ここが家だから」

「ここが私の家だということか？」

「そのとおり。前に住んでいた家を引き払って去年こちらに引っ越してきた。ここは昔、結婚してからずっと住んでいた家なんだ」

「では、もうどこにも行かなくていいんだな？　私はずっと思ってたのだ。帰らないといけないと。ほら、そこに植木があるだろう。上のほう刈ってもらったな。あの時、思ったのだ、春になったらまた伸びてくるだろうが、私はすぐに帰るのにどうしてそんなことをするのかと」

「ねえ、ここから電車がよく見えるようになったし、ずっとここから窓の外を見てたのは覚えてる？」

「ああ、よく覚えてる。その花何というんだ。椿か。そこによく鳥が飛んでくるんだ。鳥はよく知ってるものだと思って見ていた。そうだ、私はよく覚えているのだが……」

このあたりから話が現実から離れていきます。

「年末の十二月三十日だ。あそこに白い家が二軒建ったのだ。こんな年末に工事するのも驚いたし、突然、白い家が建ったことにも驚いた」

父は十二月三十日は既に入院していましたし、父がいう「白い家」はずいぶん前からあるのです。冷静に話をするとその時は理解できたようです。むきになって間違いを指摘してみたところでどうにもなりません。

介護者が認知症者の世界へ

父はこんなふうに自在に時空を飛んでいるように見えます。今、安楽、安全に生きてくれれば、父がどの時代に、どこで生きていると思っていてもいいのです。父があれやこれやを覚えていないということで家族が驚き、困惑、失望、落胆、悲しむとしても、家族が何とか解決するしかないのであって、父に解決させるわけにいきません。家族が困惑し悲しみたくはないという理由で、父が父にしか通用しない世界の中に生きることをやめ、現実の世界へ戻ってくることを強いることはできないということです。

介護者が認知症者の世界に入っていくしかありません。その逆はありえません。父が目下生きている世界における私的な論理を理解しようと努めるしかないのです。間違っているとかおかしいと父にしか通用しない論理を批判することも、おそらくは改善（何をもって「善」というかはむずかしいところですが）することもできないでしょう。

うつつの世界へ戻らないといけないのか

数年前に脳出血で倒れ、長く入院していた作家の辺見庸が、毎日、「名前は」とか「一足す一は」とか「今日は何年何月何日ですか」とかたずねられ、ばかにしていると思ったが、実際、それらの問いに答えられなかったという話を書いています。そういう質問に正しく答えられることが「〈うつつ〉の世界」に復帰するための資格であるとされていますが、辺見は答えることができなかったのです。

「私はおそらく私的時間軸に生きたかったのだ。世界に帰属したくなかったのだろう」（辺見庸『私とマリオ・ジャコメッリ』六五頁）

医療者は往々にして、病者を共通の世界に無理にでも引き戻そうとしますが、今日が何日かわからなくても、何も困らない人もあるでしょう。計算ができなくても困らない人もあるでしょう。

辺見はある「〈認知症〉のおばあちゃん」（〈〉がつけてあるのは認知症というような括り方に辺見が反発しているからです）が、どうしたことか、ある日、質問の最中に眠ったという話を書いています。実際にはそのおばあちゃんは寝たのではなく「寝たふり」をしていたのでした。そうすることで、質問に耐えていたわけです。質問が終わると、その人は目を開け、辺見にウィンクしました。

「その表情は『ねえ、こんなばかなことを訊いて』と語っていた」（前掲書、同頁）

しかし、病者が私的時間軸に生きることが全面的に許される環境の中で生きられたらいいのですが、一人で生きられるのならいざしらず、一人では生きられないのであれば、他者と生きないわけにはいきません。そうすると、共通の時間軸があって、たとえ、ある程度ということであってもそのことが理解されていなければ、他者と共に生きることは困難なものになります。

共通（共有、コモン）の時間軸を持った世界への復帰は、病者が望むと望まないとにかかわらず、その意味、程度は措いておくとしてもどうしても必要です。病者が病者だけで生きることができれば話は別なのですが。

私はバイパス手術を受けたことがあります。麻酔から覚めるとすぐに抜管され、私的時間どころか、無時間の世界から無理矢理、共通の時間軸が支配する世界の中へと再び引き戻された気がしました。意識が戻ると、私が知らない間に長い時間が経っていたことがわかりました。寝ている時であれば、意識が失われているわけではありませんから、ぼんやりとではあっても時間の経過を感じているものですが、全身に麻酔がかけられると、いきなり幕が下ろされたかのようにたちまち「私」は時間と共に消滅しました。筋弛緩剤が投与され、微動だにできない仮死状態の中にあった私は、私的な世界の中にあり、限りなく死の間近にいたはずなのです。その間、もちろん、意識はなく何も覚えていないのですが、常は死は怖いと感じるのに、現実の世界に戻された時には、せっかくいい夢を見ていたのに無粋なアラーム音で目を覚ました時のような気持ちでした。

もう一つの問題は、病気によってはこの世界から私的時間軸しか持たない世界への離脱が不可逆的であるということです。父の場合、おそらく回復は望めないでしょうが、回復が父にとっていいことなのかどうかも必ずしも自明ではありません。父は私が心筋梗塞で倒れ、バイパス手術を受けたことも覚えていないのですが、ある日、霧がふいに晴れた時、私がいつも父の側にいることを知った時困惑するのではないかと思うのです。霧が晴れ現実に戻ったとすれば、父が一体どういうだろうと考えてしまいます。その時は、私も最初に紹介した、母親から「勤めに行かなくていいのか」といわれて困惑した男性と同じような気持ちになるのかもしれません。

今、ここ——現在形の世界

最初の頃は、朝外を歩いたことも夕方には忘れてしまっていたことに驚いていましたが、今し方話したことも、一緒にしたこともあっけなく忘れてしまうようになりました。このことにはやがて慣れていきましたが、おそらく私だけではなく、多くの人が介護の場面で困惑することだと思います。何かをしてみても、すぐにそのことを親が忘れてしまうと、徒労に終わる気がしてなりませんでした。

父には現在形しかないと考えると父の言動がよく理解できることがあります。ただし、すぐ後で見ますが、必ずしもいつもそういうわけではありません。私は、父に過去形で話しかけているのですが、どんな答えが返ってくるかは聞く前からわかっているというのに、まっとうな受け答えができることを期待するからです。

父は、今と複数の過去を自在に結びつけて生きているように見えます。父の時制に過去形はありません。現在形だけを使います。

ある日、看護師さんとの間で喫煙と飲酒の話になりました。「今はお酒はあまり飲めません。つきあいで少し飲むくらいです」と父はいいました。「今」はもちろん「つきあい」はありません。「今」では〈ない〉過去の時間軸（一定していない）に立って、今の生活をこなしているように見えます。

たしかに、過去は、今、想起される限りにおいて現在ですから、父が間違っているというわけではありません。しかし、実際の今と、今想起されている過去の出来事、さらにはその出来事を時系列に秩序づけることは可能ですが、それがうまくできません。

父はある日看護師さんとこんな話をしていました。

「こうしてじっとしているとね、息は楽なんです。でも、私には心不全があって、これはもう治らないので、どうしようもありませんが、動くと、〔一階にある〕トイレに行って階段を上ってくる時は息が切れます」

父はこの話をしていた時には階段を使っていませんでした。そのことを私は知っているので、父が今のことではなく、階段を上り下りしていた過去のことをいっているのがわかるのですが、今も階下にあるトイレに行っていると話す父には過去と現在の区別はないように見えるのです。

看護師さんに排便のことをたずねられた父は「いやあ最近は出ませんなあ」と答えるのを聞いたことがあります。実際には浣腸によってきちんと排便のコントロールはされていて、そのために看護師さんにきてもらっているのです。しかし、これは過去と現在の区別ができないことの事例とはいえないでしょう。過去の記憶を消してしまっているのですから。

私的時間軸

わずか十分父を待たせたことで父を怒らせ、

「わかった。もういい。何もしなくていい。放っておいてくれ」

といわせた話を先に書きましたが、もちろん、父を放っておくわけにはいかず、すぐに昼食の用意に取りかかりました。このようなことは周辺症状などというほどのこともなく、かつて父と暮らしていた時も同じようなやりとりはあったかもしれません。


食事を出すと父はもうこんなやりとりのことは忘れていて、「いただきます」とニコニコしていました。これは前にはなかったことです。今書いたようなやりとりがあれば、その際生じた二人の間の緊張はすぐには解かれることはなかったのです。父はこんなふうに忘れてしまえますが、私のほうはそうはいきません。いつまでもこの時起きた感情の揺れは静まらず、父がそういうのなら本当にもう放っておこうと、少し考えればできもしないことを本気で思い詰めてしまったのでした。

時計を読める父は共通の時間軸に生きているかというとそうはいえません。八時、十二時、五時に食事を出します、その時間に食事が用意されなければ怒るというのは、共通の世界に生きてはいないからです。大体のところ、時間が決まっていても、日によって遅れることはあるでしょうし、よほど遅れれば話は別ですが、他者との共通の世界に生きるということは日によって多少のずれがあっても、それを認めることができるということです。それとも後十分を待つようにいった私の方が私的時間軸を生きていることになるのかと思わないわけではありませんが。

親の仲間になる

家族が躍起になって親の間違いを正せば、親は家庭の中で居場所をなくしてしまうことになります。親がいうことは事実ではないかもしれませんが、「〈親にとっての〉事実」と受け止めたいのです。親に危害が及ぶのでなければ、たとえ事実ではないとしても、誰か一人でも親の話を荒唐無稽として斥けることなく、受け止める人がいることが必要です。

受け止めるという意味は、必ずしも親がいうことを認めるという意味ではありませんが、誰もが親のいうことを否定し親の間違いを否定し続けると、親の「仲間」は誰一人いないことになってしまいます。

回復

父が自分の世界の中にいてそこから出てこようとしない時、私が父の他者でない時、父から父の他者として認められない時、介護はつらいものになります。ここで他者でないという表現をしましたが、むずかしいことをいっているわけではありません。ふと誰かに見られているという気配があって目を上げたら、あるいは振り返ったら人ではなくマネキン人形だったことがわかった時、安堵します。人形は人とは違って何も感じず、何も考えることはないからです。

しかし、誰かに見られている気配がして目を上げた時、自分を見ていたのが人であったことがわかったら、恥ずかしい気持ちになります。鏡に自分の姿が映し出されていても、鏡は写っているものについて何も感じたり考えることはありません。しかし、自分を見ていた人は、自分と同じように感じたり考えるので、恥ずかしくなるのです。

父といると、もちろん父は人であり感じ考えるのですが、私が父を見ているようには、父が私のことを見ているようには思えません。父に何かを問えば答えは返ってきます。施設に父に会いに行った時、父に元気か、痛いところはないか、夜眠れているかとたずねます。父は「どこも痛いところはない。食事はおいしい。夜はよく眠れている」と答えます。しかし、父は決して私には私の様子をたずねることはないのです。父は私には何も関心がないのではないかと思ってしまいます。これが私は父に他者として認められていないと思うということの意味です。

認知症にとって回復とは、以上の意味での他者を認められるようになるということであると私は考えています。これは、今し方したことでも忘れてしまうというような記憶障害が回復することよりはるかにむずかしいことであるように見えますが、それでも父の場合は時折私のことを他者として認めてくれることがあります。

先にデイサービスの効用について書きましたが、デイサービスが治療的な効果があるとすれば、そこでの他のサービス利用者、スタッフとのコミュニケーションによるものです。もっとも施設での父の様子を見ていると、スタッフは父に話しかけますが、私の場合と同様、父がスタッフに何かをたずねることはなく、入所している人たち同士での会話はほとんどありません。中には他の人に話しかける人はありますが、話しかけられた人が答えないという場面をよく見ました。

いつか、夕方、疲れ果てて父がデイサービスから帰ってきました。食事後、ぼんやりしていましたが、不意に、「雨降っているのか」とたずねるのです。「今は降ってない」と答えると、父はいいました。

「今のうちに帰り。気をつけてな。わしも寝る」

父がこんなふうにいったことに驚きました。父は常は自分がどこにいて、なぜここにいるかがわかっていないように見えたのですが、この発言から父が私がどこに住んでいるかがわかっていることがわかりました。

見当識障害について説明する時に書きましたが、父は私が結婚しているとは思っていないのです。

母が亡くなってから結婚するまでのしばらくの間、私は父と二人で暮らしていました。父も私も料理をしたことはなく、たちまち困りました。外食に飽きた頃、父は「誰かが作らなあかん」といいました。誰かは当然私のことでした。それまで自分で料理を作ったことがない私はその時初めて本を買って料理を作り始めました。

そういうわけで、父は自分では料理をしようとはせず、いつも私が作っていました。父が介護が必要になって帰ってきた時と同じように一緒に生活をしていたことに思い当たりました。父と以前暮らしていた頃、私は常勤の仕事に就いていませんでしたから、早く定職に就くようにと父は私を責めました。そんなことをいわれても、研究職のポストなどほとんどなくどうすることもできなかったのですが、そんなことを父が理解するはずもなく、学校を終えるとすぐに仕事に就いた父には私が三十歳を過ぎても、なお常勤の仕事に就かないことは父の理解を超えていたのでしょう。

ともあれ、私がわりあい時間を自由にできることは父が受け入れようと受け入れまいと現実であり、父にとっても日常化していたと思います。父の意識はその頃のまま止まっているのではないかとある日思い当たりました。それゆえ、私が毎日父のところにいても何もいわないのではないかと考えるとつじつまが合いました。私が父と同居していると思っているのかと見えた時もありましたが、そうではありませんでした。やがてしきりに夜一人で過ごすことを不安だといいだした時、父は「同居できないか」といったからです。それに対して私が「できない」と答えたら、「なぜだ」と強い調子で聞き返されて驚いたことがありました。

父が回復するとすれば、忘れていた過去のことを思い出すとか、今し方したことを忘れなくなるというようなことではないと私は考えています。父が私に早く帰るようにといったことは、自分がいる場所を認識できているということの証左であり、たとえ長続きしないとしても回復の兆しです。

父が私に早く帰るようにといった時、父は私が置かれている状況が理解できていました。その時、私は父の他者であり、私は他者である父の他者として生きることができたのです。認知症に回復があるとすれば、他者を認められるということにあります。

知っていることはたずねない

食事をしたことについていえば、いつも必ず忘れるわけではないにしても、大抵食事をしてまもなく忘れるということがはっきりしているのであれば、わざわざ食事をしたことを覚えているかをたずねることはないでしょう。試すような質問をすることが、親との関係を悪くしてしまいます。

いつか、妻に介護を代わってもらい、後から遅れて父のところへ行ったら、既に夕食をすませていたことがありました。その時、もう夕食を食べたのかたずねました。たずねるまでもなく、夕食をすませていたことはわかっていたので、たずねる必要はなかったのです。父はこういいました。

「食べたかどうか覚えていないといったらもう一度夕食を出してくれるのか」

と。そういって哄笑しました。一緒にいると、大変なこともあれこれありますが、不意に訪れる幸福の瞬間でした。父が笑うとほっと安堵したのですが、父に一本取られた気がしました。

「ありがとう」を親から期待しない

相手が自分より下だと思うと、言葉遣いもそれに応じたものになります。親でも子どもでも何かのことで失敗した時、大きな声を上げて叱ってしまうのは相手を自分よりも下だと見ているからです。

子どもをほめてしまうのも、子どもを自分より下に見ていて、できないと思っていたのに思いがけずできた時に、例えば、「えらいね」というような言葉を発してしまいます。それは子どもにとって失礼なことだと思うのですが、必ずしも意識してのことではないにせよ、「えらいね」「よくできたね」といって子どもを評価してしまうことがあります。このことは子どもに対してではなく、大人同士でも見られます。

同じことを親にしてはいないだろうか振り返る必要があります。また自分ではそんないい方をしていなくても、親に関わる人がほめるのを聞くと、家族としてはいい気持ちがしないのも同じ理由からです。

子どもであっても、認知症の親であっても、対等なのですから、本来、叱ることもほめることもできないはずです。

以上のことは、自分についてもいえます。つまり、自分もほめられることを期待してはいけないということです。私の理解では「ありがとう」ということは貢献に注目することであり、能力のある人がそうでない人に上から下に下す評価であるほめることとは違います。しかし、この「ありがとう」ですら、人からいわれることを期待することがあれば、ほめられたいと思っている子どもと同じです。残念なことに（と思う人もあるでしょう）介護者は親から「ありがとう」といわれることを必ず期待することはできません。

父についていえば、前は「ありがとう」という人ではなかったのに、例えば、食事を用意して出すと、必ず「ありがとう」というようになりました。「ありがとう」といわれるともちろんうれしいですが、ありがとうといわれないからといって、そのことを不満に思うのであればおかしいのです。親に貢献していること自体が喜びなのであって、必ず親からそういわれないと満足しない人にとって介護はつらいものになります。

存在のレベルでの勇気づけ

近所に私の保育園の頃からの同級生の母親が住んでおられて、よく街の中で会います。ある日「おいくつになられましたか」とたずねたら「八十歳か九十歳」という答えが返ってきました。「あんたも大きくなって」といわれ困惑しましたが、私が子どもの頃のことを覚えてられるのでしょう。しばらく姿を見かけなくて心配していたところ、ある朝、家の前を通りかかったら、声をかけられました。通勤、通学の人の自転車を預かる仕事をされていて、早くから番をしているのでした。何か仕事があるので元気なのだと思いました。

子どもが病気になって熱でぐったりしているような時、親は、常は元気すぎて手に余ると思うこともありますが、今はとにかく一刻も早く回復してほしい、どんなふうであっても生きていてほしいと思います。このような思いを病気になった時だけではなく、いつも持てたらいいのですが、大抵、子どもが元気になるとこの時の気持ちを忘れてしまいます。いわば存在（生存）のレベルで子どもを受容できていれば、日々の行為レベルで子どもに対する親の気持ちに多少の揺れがあっても許されるでしょう。

子どもの立場で老いた親と接する時も同じです。存在レベルで親を受け入れることができていれば、たとえ、昨日できたことが今日できなくなることがあっても、そのことは問題になりません。父は夜は一人で過ごしていましたから、朝行く時は顔を見るまでは不安でなりませんでした。行くと大抵、既に起きているのですが、起きている気配がなく部屋をのぞいたらまだ寝ているという時は心配になりました。そんな時は、父が息をしているかを確かめるために、息を止め胸の動きを観察しました。熟睡しているのがわかるとほっとしました。「生きててよかった」。親との関係をここから始めれば、後はどんなことでもすべてプラスに思うことができます。

何もしていなかったように見えていた親が、実は家族のいわば統合の象徴として家族に貢献していたことが、親の死後、家族がどこかぎくしゃくしたことで家族が初めて気づくということがあります。

生産性で人間の価値をはかることを常としてきた人、生産的であることだけが唯一の価値だと考えて生きてきた人が、年老いて何もできなくなった時、悲しくなって現実を見ないでおこうと決心することがあることについては先に見ましたが、このような親の貢献に家族が気づいて勇気づけしていれば、認知症にならなかったかもしれません。しかし、今となってはこのような勇気づけができなかったことを悔やんでみてもしかたありません。

生産的でなければ価値がないという信念で生きてきた人であればなおさら、今生きていることそれ自体で、貢献しているということを〈今こそ〉伝えたいのです。

貢献感

父は長く一人で暮らしていたのですが、ある頃から一人で暮らしている父が電話をしてくる時の声が弱々しくなりました。頻りに身体の不調を訴えるので、電話を切った後いつも心配になりました。

四年前、私が心筋梗塞になって入院しました。振り返れば、この頃の父は元気でした。見舞いにもきてくれました。父はこの時、貢献感があったのではないかと思うのです。子どもの病気のことで貢献できることがあると感じられるというのもどうかと思いますが、もう子どものことは何も心配することがないというよりは、いつまでも心配であり、場合によっては、子どもの生き方に不満があって怒りを感じたり、不安だったりするほうが、親は元気でいられるようにすら見えます。

老いた親に接する時には何か特別なことに注目する必要はありません。そうしたくてもできないともいえます。何かができることに価値を認め、それにだけ注目する人は、昨日できたことが今日はできなくなるかもしれない親には何も声をかけられないことになってしまいます。しかし、先に見たように親は何もしていないのではなく、実は生きているだけで家族に貢献しているのです。

そのことにきちんと言葉をかけることが必要です。家族だから口に出さなくてもわかっているというのではなく、家族であっても、あるいは家族だからこそ、よけいに言葉に出してほしいのです。ちょっとしたことにも「ありがとう」と声をかけることができます。食事を全部食べるのを見るとうれしいですからそのことに声をかけられますし、お父さんが、お母さんがいてくれるから安心していられるというような言葉をこちらからかけることができます。

父は若い頃にはいわなかったと思うのですが、先にも書きましたが、こちらに帰ってからは食事の用意をしたら「ありがとう」といってくれるようになりました。若い頃、父と二人で暮らしていた時にはそんな言葉をかけてくれなかったように思います。いつもありがとうという言葉がなくても、父が私にお前がいてくれるから安心して寝られるといってくれたことはやはりうれしかったです。自分がいわれてうれしいのであれば、それを親にいえばいいのです。このような言葉をかけるのは、貢献できていることを親に感じてほしいのです。それは何か特別なことに対してではありません。そういうことだけにありがとうといっていると、自分はもう何もできなくなったと親は勇気をくじかれることになります。

私は父が食事の時間以外はほとんど寝てばかりだったので、コンピュータに向かってずっと原稿を書いているか、本を読んでいました。そのことをいつか友人にしたところ、「お父さんに見張られて仕事をするなんていいですね」といわれて驚いたことがありました。たしかにそのとおりで、自分の部屋で仕事をしていたら、疲れると何か違うことをしたくなり、そのために仕事に集中できなかったはずなのです。おかげで私は毎日たくさん本を読み、原稿を書き進めることができました。

やがて特別なことをしなくても家族に役立てていることがわかれば、家族をイライラさせたり、怒らせたりするようなことをしなくていいことを親は学びます。親について家族から見て困ること、問題行動ではなく、親の貢献に注目する、しかも何か特別なことにではなく、生きていること自体に注目すればいいのです。

今は父は私が誰であるのかをわかっていますが、たとえ私のことがわからなくなっても、私の父への接し方を変える必要はありません。今日この人と私は初めて会うのだと思えばいいのです。これが簡単なことではないのはわかっています。今日、私はこの瞬間においてこの人と初めて会うのだと思って一日を始めます。その時、過去はもはやありません。

実際には過去はないどころか、一瞬にして過去何十年のことが思い出されるのですが、そのようにして思い出されたことが実際にあったかどうかといえばなかったかもしれません。よい思い出もありますが、そうではないこともあります。大抵はいやな思い出で、それなのに思い出すのは、親との関係をよくしないでおこうと考えているからです。

しかし、これまで親とどんな関係であったとしても、親を今介護することを避けることはできないのであれば、介護をつらいものにしないために今日初めてこの人に会うのだという気持ちで親と向き合いたいのです。

できれば早い時期に親との関係を改善しておけば、親が実際に介護を必要になった時に子どもの心理的な負担を軽くします。もちろん、準備ができないまま介護をする日がきても、手遅れということはありません。

介護者が貢献感を持てる

介護が大変であることを百も承知であえていいます。親を介護することで貢献感が持てるのであり、そのことで介護者は幸福になることができるのです。貢献感を持てるということの意味を理解するのは簡単ではありません。介護に限らず常に自分がしたことに対して相手から感謝されたいと思う人にとっては介護はつらいものになるでしょう。親はありがとうといつも必ずいいません。親も故意にいわないわけではなく、介護が必要になるずっと前から人にありがとうといわなかったのかもしれません。子どもも親にありがとうということに抵抗があるでしょう。それなら親にだけそのようにいうことを期待することはフェアだとは思いません。

介護が誰にも等しくつらいわけではありません。それは介護が楽であるという意味ではなく、介護を自分にとってどういうものとして意味づけるかということに関係します。父は今はありがとうといってくれます。ありがとうといってもらえたらたしかにうれしいです。しかし、ありがとうという言葉を期待して、いってもらえたら貢献感を持てるというのであれば、やがて親がありがとうといわなくなった時、あるいはもともとそのような言葉をいわなかった親の介護をする時、介護はつらいものに思えることになります。

たしかに、食事を出したばかりなのにまだ食べていないといわれたらがっかりして何もしたくはなくなります。何をしても親が覚えておらず、何をしてもそのことを親が当然という態度をすれば、介護の仕事そのものが大変であることには耐えられても、かいがないように思ってしまうことはわかります。

しかし親から何かいってもらえることができないのであれば、それを現実として受け止め、そこから始めるしかないわけです。私は外で働いたり学んでいる家族が帰ってくる頃に夕食を作ることがよくあるのですが、いつか常より早く帰ってきた娘が「今日はカレーライスにしよう。手伝うから」といいました。手伝ってもらえると助かります。張り切って買い物に行き準備を始めました。ところが手伝ってくれるはずの娘がいつまでたってもキッチンにきません。食材を切り終えたところでようやく娘がやってきて、後の仕事を代わってくれました。

この時、私は娘が最初にいっていたように手伝ってくれたら助かるけれど、もしも娘がこのまま手伝ってくれなかったとしても、こうやっていつものように夕食を作っていることそれだけで貢献していると感じていました。結果的には娘は手伝ってくれましたが、気が変わって手伝わないというようなことをいったとしても、私の貢献感には何ら影響を与えなかったはずです。

親との関係においても、親に貢献する機会があることが重要で、そのことで貢献感を持てるわけですから、その上、親からの感謝を期待しなくてもいいと私は考えています。

子どもにできないこと

親が一人では生きていけなくなることを見るのは、子どもにとっては悲しいことです。しかし、子どもが親を幸福にすることはできないということを私は介護においても基本に据えておきたいと思うのです。

人は、人生のいつの時も、誰か他の人によって幸福にしてもらうことはできません。子育ての場合、親は子どもを幸福にしてやろうと思います。子どもの幸福を願うことが間違っているわけではありませんが、親が子どもを幸福にすることはできません。子どもは自分の力で生きていくのです。もちろん子どもが小さい時には、子どもがするあらゆることに手を貸す必要がありますが、子どもは親が気づくよりも先に自立していきます。子どもとの関係が良好であればこの自立の時期は早まりますが、親が子どもにとって反面教師になることで子どもが自立する決心をすることもあります。こんな親に頼っていてはいけないと思うのです。そんなふうにして子どもが自立すれば、子育てに成功したといっていいくらいです。子どもは親がいなくても育つといいますが、子どもは親がいても育つのです。子どもを親が幸福にするのではありません。親は、子どもが幸福になることを、もしも子どもが援助してほしいというのであれば援助することができるだけです。実際には親が子どものためにできることはあまりあるとは思いません。親といえども子どもの代わりに生きることはできないからです。

同様に、子どもが今や無力な親を介護する時にも、子どもが親を幸福にすることはできないのです。もちろん、これは親のために何もできないということではありません。子どもが親にできることと、できないことを区別することが必要であるという意味です。

私は父を見ていて、食事以外の時間は寝ていることが多いので、これでは何の楽しみもないではないかと思ってしまいます。いろいろなことをして毎日を有意義に過ごしてほしいと思います。そのように願うのは子どもの勝手ですが、その希望を親に押しつけることはできないことなのです。

親が子どもにテレビばかり観てないで勉強しなさいというようなものです。

第四章　介護の援助を求める

医師、看護師、介護者とのつきあい

父が一人で暮らせなくなった時、説得した結果、前に住んでいた家に戻ってくることになりましたが、それからどうするかという展望はありませんでした。

そこで、介護制度を利用しようと思って、市役所の福祉課に行ったところ、それなら要介護度の判定をする必要があるといわれました。そのためにどうしたらいいかを知りたかったのですが、主治医に書いてもらう用紙を渡されただけでした。

父には持病があったので、まずは少なくとも、新しい病院を見つけ、その病院で医師に頼んで診断書を書いてもらおうと考えました。父によれば、狭心症の他に、肺気腫であるということだったのですが、実のところ、これは父から聞いただけのことであり診察に同行したわけではないので、はっきりしたことはわかりませんでした。父がいうには、肺気腫は治らないといわれたので主治医と喧嘩をし、それまで通っていた病院に行かなくなったということでした。

狭心症の治療後、数年の間は定期的に検査入院をしていましたが、いつのまにかそれもしなくなっていました。病気のことを父任せにせず、どんな病気でどんな薬を飲んでいるかを把握しておくべきだったと今は思います。おそらくは薬の管理はできてなかったでしょう。

肺気腫と狭心症では受診する科が違います。呼吸器科と循環器内科の両方を受診するべきなのでしょうが、私が心筋梗塞で入院していた病院の内科を受診しました。そこで新しい薬を処方されました。

こうして一度は受診しましたが、それから先、どうするかはなおわかりませんでした。幸い、義弟が介護制度のことをよく知っていて、地域包括支援センターに電話をするようにいっていたので、電話をしたところ、すぐにケアマネージャーがこられ、詳細に手続きについて教えてもらい、介護度認定の手続きを行うことができました。

家族で、あるいは、家族だけで、介護するのでなく、介護制度を利用することは必須だと私は考えています。そのことで介護の負担を減らさなければ、介護が長く続くとどうしても無理をすることになってしまいます。

とはいえ、実際には、介護を全面的に委ねられるわけではありません。当然のことながら、看護師さんやヘルパーさんらがいつもこられるわけではないからです。ですから介護サービスを利用しても、家族がすることはなおたくさんあります。

私は、いわば、「管理責任者」になるというのも一つの選択肢だというふうに考えていました。つまり、訪問するケアマネージャー、看護師、ヘルパー、デイサービスの管理者などの人たちの間にあって連絡、調整役をするのです。役割的にはこれはケアマネージャーの仕事でしょうし、介護認定度が変わった時などに父に関わる看護師、ヘルパーさんらの責任者が集まって会議をするということがありますから、家族が調整役をする必要はないともいえますが、近くで長く一緒にいるのは家族なのですから、ケアマネージャーといえども家族に代わるわけにはいきません。

一人で介護することは大変なので、他の家族や同居していないきょうだいに介護を頼むことがあります。そんな時に、日頃の様子を知っている人がいれば、介護を代わる人は日頃の様子がわかりますから、何をどうしていいかわからないと迷うことはないでしょう。

母が入院していた時に、メモ帳を用意して、母の様子、治療や検査、医師、看護師のことなどを書いていました。これを見れば自分がいなかった時に何があったかすぐにわかる仕組みになっていました。その時も母のベッドサイドに一番長くいた私がノートに書き込んでいるのを見た看護師さんからは「閻魔帳」として怖れられていました。別に看護師さんの評価を書いていたわけではありません。看護師さんが書く看護記録の家族版だったのです。

父を家で介護していた時もノートを作り、私も書きましたが、看護師さんやヘルパーさんにも訪問のたびに書いてもらいました。正規の記録以外にノートに書くことは負担だったと思いますが、私も常に父の側にいることができませんから、口頭で様子を聞けない時にはありがたかったです。

父に関わるどの人も熱心でしたが、なお私が感じたのは、医師同士の、また医師と看護師の間の温度差の違いがあることでした。医師と看護師間については大きな問題には感じませんでしたが、主治医が二人いる状況で、私がしっかりしなくてはとたびたび思いました。最初に父を受診し後に二ヶ月入院することになった病院の医師と、訪問看護師に指示をする近くの医院の医師の二人が主治医ということになったのでした。二人の医師の板挟みになるのはいやだったのですが、父を守るには主張していくしかないと思いました。

「これはclaim（要求）であってcomplain（不平）ではない」とある時、看護師さんに話したことがありました。病気については専門の知識がなければ、時に医師の言葉は理解が困難なことはたしかにありますが、専門の知識がなくても、医師の言葉が以前と首尾一貫性がなかったり、論理的でなければそのことを指摘することはできます。

それに何よりも、病気ではなく、人を見るためには、医学の知識だけでは十分ではないともいえます。先に父が主治医と喧嘩をしたという話を書きましたが、これなども、医師が病気だけではなく、父という個人を見ていれば、認知症を疑うということも可能だったのではないかと思います。

看護師さんたちのことは信頼できるのに、医師を信頼しきれていないことが問題でした。循環器の医師は、データは読むのですが、父の身体を自分の目で見ようとはしないように見えました。受診時に浮腫について話した時、足の甲の腫れがひどいといったのに、靴下を脱がせることもありませんでした。足首を押さえたら見なくてもわかるということなのでしょうが。この話をすると、看護師さんは「そういうこともあって、（どんな医師に当たるか）運、不運があるとみなさんいわれますね」と返すのですが、この「運、不運」が命に関わるかもしれないのですから、不運だったとすますわけにいきません。温度差があってもしかたありませんが、患者と家族がとばっちりを受けるのはかないません。

不信感

医師への不信感は父の入院中に起きました。父は以前に狭心症を患っていたので、入院した時、循環器内科を専門とする医師が父の主治医になりました。

退院後も二ヶ月に一度ほどこの医師に診てもらいましたが、医師は毎回行う採血の検査結果を私ではなく、父に説明するので驚きました。もちろん、患者は父なのですから、医師が私ではなく父に話しかけることは間違いではないともいえますが、父が認知症であることを同じ病院の脳神経内科の医師から診断されていることを知っていれば、父に採血の検査結果を説明することは、そうすることは不可能であると最初から決めてかからないにしても、父が話を理解できているかに気をつけて話すのは当然だと思ったのです。

父は若い頃から頻繁に病院には行っていましたし、若い頃は薬品関係の仕事をしていましたから、医師とのつきあいは長く、若い医師でも医師であるというだけで父は無条件に尊敬し、医師の話を神妙に聞いていました。看護師さんがこられても目を開けようともしないのに、医師の往診の際には、ベッドに正座するような父でしたから、医師と話している様子を見ていると昔と少しも違わないように見えました。

そういえば、私自身が入院していた時に、看護師が別の看護師が記入した看護記録を読みながら「皮膚の状態はいいようですし」と私の目の前でいったことがありました。皮膚の状態がいいかどうかは、私を直接見ればわかるのではないかと思いました。私が気がつくよりも早く一瞬にして私の皮膚の状態を見て取ったのかもしれませんが、目の前に患者がいるのに不可解ではありました。

専門職に何を期待するのか

私が介護者として、目下、家にこられる看護師、介護福祉士、それと定期的に診てもらう医師に期待することについて何を期待しているかとたずねられたことがありました。

父にはよくなってほしいですが、病気の性質上それがむずかしいというのであれば、治癒を介護の目標にすることはできません。帰ってきた当初の混乱期を経て、安定してきましたから、父はたしかによくなりましたし、そのことがうれしいことはいうまでもありません。しかし、半年くらいの単位で見れば、悪くなっていることは否定できません。

そこで私が父に関わる専門家に期待することは、父の症状の改善というよりは、これからどれくらい続くかわかりませんが、父が穏やかな日々を過ごせることです。そのためには、身体的な看護、介護は必要ですから、清拭、入浴、排便の管理は家族には困難なので、身体面での援助を求めています。部屋の掃除、洗濯については、私もしていますが、専門職の仕事はいうまでもなく私とは比ぶべくもなく見事です。おかげで快適な暮らしが可能になっています。しかし、私が期待するのは身体的なことについての援助だけではありません。

できれば父には苦しみがなく穏やかに着地してほしいと願っています。この苦しみというのは、身体的な苦しみだけではありません。認知症だから悩みがないというのが間違いであることは何度も書きました。身体的な苦痛による不安がなくても、精神的な不安を軽減したいのです。

認知症については、私も父を介護していますから、本で学ぶことができる以上の知識があると思いますが、いかんせん他の人を知りません。看護師さんによくたずねるのは、父はこれからどうなることが予想されるかということです。もちろん、人によって違うでしょうが、他の患者さんを多く見てこられているでしょうし、その経験と、父についての経過観察にもとづいて、専門家として見えることはあると思うのです。「(今後) よくなることはありません」と断言した看護師さんがありましたが、私とその人との十分な信頼関係を前提とした専門家としての発言だったので納得しました。もちろん、これで話が終わるわけではなく、それならどうこれから父と接していくかという問題は残るわけですし、治るということの意味は、これまで見てきたように、脳のＭＲＩによって見えるレベルのことに限られるわけではありません。

以上のことに加えて、父が穏やかな表情で笑いながら話している様子を見ると、父に精神的に安定した状態でいてほしいと思います。これは身体的な援助と並んで、あるいはそれ以上に重要な精神的な援助で、丁寧に粘り強く父と話をしているスタッフを見て、いつも驚嘆しています。家族だけでは深刻になってしまうかもしれませんが、外からの風が吹き込んでくるように、多くの人に関わってもらうことで、父の、そして介護者の精神的な安定が保たれることになると思います。

私は父と昼間長い時間一緒にいましたが、看護師さんらがこられるといつもほっとしました。誰もこられない日は、朝からそのことを思うだけで気が沈むことがありました。父のための訪問であることは承知していながらも、看護師さんやヘルパーさんがこられ言葉を交わせることは、介護者にとっても大きな力になるということを知ってほしいと思います。時には、ほとんど愚痴のようなことになることもありましたが、きちんと耳を傾けてもらえることはありがたかったです。

父がずっと寝ていることは気にかかりますから、身体を動かしたり何かの作業をすることももちろん意味がありますが、援助は父が寝てばかりいないようにするという行為のレベルだけのものではありません。私は父が他者からの関係を離れて孤立することを回避したいと思っています。そのためには他者との関係を保つ必要がありますが、私や家族だけではこのことは容易ではありません。ことに平日、私は父と一緒にいても父と十分関わりを持てているとはいえません。

ほめることの問題は先に見ましたが、看護師さんやヘルパーさんが親をほめるのを聞くと、率直にほめることの問題について話しました。対等の関係であれば、ほめることなど本来的にはできないはずなのです。かくしゃくとしている人に「えらいね」ということはないでしょう。認知症の父にはほめる人もありました。しかし、これは多くの人が陥りやすい罠です。

介護者にとっては普段がどうかが問題なので、看護師さんらが、例えば父のことを穏やかとか温厚というふうにその場での様子を口にすることは、時に私には愉快ではないことがありました。「普段はどうですか」とたずねることもできますし、「今こうやって話をしていると私には（例えば）穏やかな方に見えますが」というようないい方なら私は受け入れられるように思います。ただ私がひねくれていただけかもしれません。

ベストの親をみてほしい

これまでのところで「今ここ」での出会いについてたびたび書いてきましたが、そのことと相容れないと思われるかもしれませんが、介護の専門職の人に望みたいのは、親のいわばベストな親を見てほしいのです。

家族にとっては過去は必ずしもいい思い出ばかりというわけではありませんから、それまでの親との歴史は措いておき、今ここで親とつきあおうと決心することは親子の関係をよくするために必要なことですが、介護の場面で父と初めて接する人には父の過去について知ってほしいと思います。

鶴見俊輔が、病気になる前も後も言葉遣いを変えなかった医師のことを話しています。

「患者を、病気になっているという一番低いレベルで見ていないということですね。患者になったとしても、その人間の高いレベルでの姿勢を記憶から削がないということが重要なんですね」（『鶴見俊輔　いつも新しい思想家』六頁）

私と父はもう長いつきあいになるわけですが、例えば、父の主治医や看護師は父の今の姿しか知りません。もちろん、これは当然のことですが、前から知っていると思って、見てもらえたらといつも思います。訪問看護にくる看護師さんらには、父の若い頃の写真や晩年習い覚えた油絵を見せました。父の写真を見た看護師さんたちが私に「似てませんね」といわれると、どう反応していいか困ってしまいますが、父のことを少し違ったふうに見てもらえるようになったと思いました。

施設でアンケートに回答する依頼があって、そこに父が絵を描いていたことを記入したところ、それに注目したスタッフが父に絵を描くよう促したところしっかりとした絵を描くことがわかり、塗り絵ばかりでなく、父がかつてそうしていたように写真を見て色鉛筆や絵の具を使ってスケッチをするようになりました。家にいた時に描いていた時よりも輪郭も色の使い方も上達しているのではないかと思えるくらいでした。

私は、病気になっているという状態が鶴見がいうように「一番低いレベル」だとは思いません。むしろ、病者や高齢の人のほうが人生の真理のより近くにいることがあると考えるからです。

介護の援助を依頼する

これまでのところで私は、専門職に介護の援助を求めることについて書きましたが、常に介護サービスを利用するわけにはいきません。家族が親と接する時間は圧倒的に長いのです。一人では介護はむずかしいと思います。私しか介護できないと思い込まず、他の家族、きょうだいに助けを求めていいですし、必ず求めなければ、長期的には介護は担いきれない大きな負担になってしまいます。

その際、日頃、どれほど自分が介護のためにエネルギーと時間を費やしているとしても、そのことは他の家族、きょうだいに介護の援助を依頼する時にはあまり強調しないのがいいでしょう。つまり、介護が大変なので、あなたも介護をしても当然というようなスタンスで他の家族やきょうだいらに介護の分担を依頼しないということです。

ここはお願いするしかないわけです。お願いするというのは、あくまでも相手が断れる余地を残すいい方です。「あなたも子どもなんだから親の介護をしても当然でしょう」というようないい方をすると、諸般の事情で目下親の介護ができないけれども本当はするべきだと思っている人にとっては、子どもだから親の介護をするということは正論なので反発したくなるものです。親から勉強しなさいといわれる子どものようです。かねてから勉強するべきだと思っている子どもが親からいわれると、親がいうから勉強しないでおこうという決心をしかねません。

断られても無理強いしないことも必要です。親との関係について問題にしたように、権力争いをすると関係がこじれることになってしまいます。

基本は、まず自分が介護する決心をすること、その上で、すべてを自分で引き受けようとしないことです。近くに住んでいるのでなければ、簡単には介護を代わってもらうことはできません。きょうだいであっても、介護を代わってもらうことを期待しないほうがいいくらいですが、それでは身が持ちませんから、援助を依頼する時に断られないためにはどうすればいいかを考えてみましょう。

一つは今見たように、私はこれだけ介護をしているから、これくらいしても当然というスタンスで他の人に介護を押しつけないことが大切です。

次に、他の人がどうするかより先に、自分がどうするかという態度決定をすればいいので、時に期待通りに介護を代わってくれない人があっても、そのことでもめるのは得策ではありません。

さらに、介護者の意識の問題ですが、介護をつらいものと思わないことです。家族に対しても日頃介護の愚痴をこぼしてばかりいれば、そんなに大変なことなら代わろうという気にはなってもらえないものです。家事と同じで、なぜ私だけが家族が食事の後くつろいでいる時に皿を洗わないといけないのかと思って、自分のお皿くらい洗いなさいといおうものならたちまち反発されます。そのように指摘された人は、内心、しまったと思っても、強くいわれると認めたくはなくなるからです。

むしろ、自分だけが片付けることで貢献感を持てることを喜びに思ってお皿を洗っていれば、家族の誰かが手伝ってくれるかもしれません。手伝ってもらえないかもしれません。

介護の場合は手伝ってもらえなければ困ってしまうわけですが、介護に協力しない人を責めてみたところでその人との関係は悪くなりますし、そうなるといよいよ協力してもらえなくなります。

そんな状況で介護から手を引きたいと思った人は、親との関係を意識的にではなくても悪くすることで、こんな親の介護はできないと思おうとします。必ずしも親のほうに問題があるわけではなくても、自分にはもはや親を介護できないと思うために、ことさらに親の言動に問題を見つけ出そうとします。問題は容易に見つかります。こうなると介護を自分でつらいものにしてしまっているといえます。

第五章　これからの介護

安心して認知症に

安心して認知症になれる社会であればといつも思います。自動販売機一つ例に取ってみても、使い方が統一されていません。ＪＲと私鉄各社では違います。飲み物の自動販売機も同じです。人を相手に買うのであれば、多少、間違ったことをいってもこちらが求めるものが何かを理解してもらえるでしょうが、コンピュータはその点まったく融通が利きません。老人でなくても途方に暮れるということはあるでしょう。人との関わりが苦手だという人にとっては、自動販売機のほうがストレスを感じたり緊張しないですみますし、個人的には操作を統一するという考えは好きではないのですが、おつりが自動的に出てきたり、レバーを操作しなければ出てこなかったりというのは困ります。父がお金を入れたのに何も出てこなかったと怒っていたことがありました。何をどうしたかはわからないのですが、自動販売機がなければ、操作に手間取ることはなかったでしょう。

非力で一人では生きていけない赤ちゃんの存在を社会が受け入れているのとちょうど同じように、高齢の人を受け入れる社会を作る必要があると思います。ところが、実際のところ、社会が幼児を寛容に受け入れているかといえば、残念ながらそうとはいえません。電車の中で子どもが泣いていると、まわりの乗客からの無言の圧力を感じてしまいます。親が泣かないようにちゃんと子どもをしつけるのでなければ電車に乗せてはいけないという人は、子どもと一緒に外出した経験がない人でしょうし、自分もかつては子どもだったことを忘れているのです。

長期的な目標としては、乳幼児、高齢者、そして、すべての人が安心して生きていく社会を作っていくことを目指し、そのためには何ができるかを考えていきたいです。

とはいえ、理想の社会が実現するまで介護をしないですませるわけにはいかないことはいうまでもありません。認知症の人が安心して生きていける社会を作るには、どうすればいいかという考察も必要ですが、認知症の心理的背景について論じた時にもいったように、人がこの人生において何を成し遂げることができるかということよりも、生きているということが、それだけで無条件に肯定されるような社会を築くことが先決です。

ライフスタイルはいつでも変わる

アドラー心理学では、自分をどう見るか、この世界をどう見るかを「ライフスタイル」という言葉で呼んでいます。ライフスタイルは普通には性格といわれますが、性格という言葉から喚起されるイメージとは違って、ライフスタイルは決して生まれつきのものではなく、変えようと思えば変えられると考えるところがアドラー心理学の独自な点です。

ライフスタイルを変えることはできますが、不自由だとわかっていても馴染みのライフスタイルを変えることは容易ではありません。他の人は自分に何をしてくれるかということばかり考える自己中心的なライフスタイルを持ち続ける人は多いのです。

そういう人でも自分のライフスタイルをいつもあからさまに出すわけではありません。外ではおとなしいのに家の中では威張り散らす、いわゆる内弁慶な人は多いでしょう。歳を重ねると、コモンセンス（常識、良識）による抑制が利かなくなるように見えます。とりわけ家族に対して抑制が効かず、それまでのライフスタイルがいよいよ明らかになるといえます。

これはちょうど夢の中でコモンセンスの抑制が弱まるのと似ています。夢の中で、人は現実のリハーサルをします。夢の中ではコモンセンスに気を遣う必要はないので、何でもできます。現実では行えないことでも、夢の中でシミュレーションできるわけです。

父の場合は、おそらく現実が夢のようなのか、コモンセンスによる抑制があまりできないように見えることがあります。そのため父のそれまでのライフスタイルをそのまま私には見せるのでしょう。

たとえライフスタイルが固定しているように見えても、まわりからの適切な援助があれば、人は変わることができます。同じように身体が不自由であっても、そのことでただ人から与えられて当然と考え自分のことしか考えない人もいる一方で、そのような生き方とははっきりと一線を画した生き方を選ぶ人もあります。

生きていることの肯定

しかし、自分のライフスタイルであれば決心次第で変えることはできますが、親のライフスタイルを変えることはできません。

私のところへ相談にくる人に自分のことが好きかとたずねると、ほぼ例外なく「自分のことは嫌い」という答えが返ってきます。大好きですと答えられない人に自分のことを何とかして好きになってほしいのです。他の道具なら気に入らなければ買い換えることができますが、この自分という道具はこれからもずっと使い続けていかなければならないからです。それなのに、自分を好きになれなければ、そのような人が送る人生はつらいものになります。

多くの人は、子どもの頃から、今の自分のままであってはいけないとまわりからいわれ続けてきました。そのため、今の自分が好きになれない人は、何とか努力して自分を変える努力をします。しかし、たとえ変われたとしても、変わってしまった自分はもはや自分ではありません。自分が自分でなくなれば、変わることには何の意味もありません。

自分が自分であり続け、かつ、今までの自分とは違う人になるという一見不可能な目標をどうすれば達成できるでしょうか。一つは、短所や欠点、問題行動しか見えず、そのため自分のことを好きになれないのはなぜかを知らなければなりません。子どもや親についても同じです。それは人と関わらない、少なくとも積極的に関わらないために、自分や相手に問題と見えることを見つけ出しているからです。

介護についていえば、親とよい関係を築けなければ介護はつらいものになりますが、関係をよいものにしようという決心があれば、それまでは親の短所や欠点としか見えなかったことが違ったふうに見えてくるのです。この場合、子どもの側が親についての見方を変えるだけであって、親が変わるわけではありません。親の介護に消極的な人は、親に問題を見出し、それがあるから介護はできない、介護はつらいと思うのですが、本当はそのように思うために親の問題を見出そうとしているのです。

こちらが親についての見方を変えれば実際に親が変わるといってもいいくらいです。母が亡くなり父と二人で暮らしていた頃に、父は自分では料理をしようとしませんから、私が一念発起して料理することを学びました。ある日、カレー粉を炒めて何時間もかけて作ったカレーライスを口にした父が「もう作るなよ」といいました。

その頃は父との関係はよくなかったので、「おいしくないからもう作るな」といっているとしか私には思えなかったのですが、後に少しずつ父との関係が変わっていくと、父が語ったことを私が正しく理解していなかったことに思い当たりました。父と二人で暮らしていた頃、私は大学院生でした。父がいいたかったのは、「お前は学生だから勉強しないといけない、それならこんな手の込んだ料理をもう作るなよ」という意味だったのです。実際には父に真意を確かめませんでしたが、このことに思い当たったのは二十年以上も経ってからのことでしたから、たずねてみてもおそらく父はこの時のことを思い出すことはなかったでしょう。父がこのように語ったという事実が変わらなくても、それを違ったふうに解釈した途端に私と父との関係はたしかに変わりました。

同じままで変わるためのもう一つの方法は、他者に貢献することです。そのままの自分でいいといっても、今の自分がどんなふうであってもいいわけではありません。人は生きていくにあたって、ただ他者から与えられているだけでいいわけではありません。小さな子どもであれば、自力では何もできませんから与えられるだけであってもしかたありません。しかし、やがて自力でできること、しなければならないことは増えていきますから、いつまでもただまわりから援助を受けようとするばかりの人に、まわりの人は辟易してしまいます。もちろん、何もかも自力でできるわけではありませんから、そのようなことについては人から援助を求めてもいいのですが、可能な限り自立していくことが必要です。

他者にいつも依存している人に今のままのあなたでいいといえば自分に都合のいいように解釈される危険がありますが、その意味は他者の期待に合わせる必要はないということなのです。

これだけの注意をした上でいうと、自分のことをよしと思えるためには、自分が誰かに何らかの形で貢献できると思えることが必要です。性格を変えなくても、自分が役立たずではなく、他者に何らかの形で貢献できていると思えれば、そのことによって自分をよしと思え、それまでとは違って自信を持てるようになります。いささか消極的ないい方をするなら、こんな自分にもいいところがあると思えるようになります。そのように思えるようになれば、生きる姿勢が変わってきます。

このように、どうすれば人は自分のことを好きになれるかを考える時、他者との関係を離れて考えることはできません。自分を好きになるということが、他者との関係を離れてのことであればナルシシストでもできます。

私は、子どもに「ありがとう」ということを親に勧めています。これは子どもに自分が人の役に立てていると感じてほしいからです。同じことを親にいうことは当然できます。ただし、注意したいのは、適切な「行為」にありがとうといえる時はいいのですが、何かの行為に対してありがとうといえないことがあるということです。

ことに介護を必要とする親は何か実際の行為によって他者に貢献するということがむずかしいことが多いのです。若い頃とは違って多くのことを自力ではできなくなった時、そのような自分を受け入れることができない人も多いでしょう。若い人でも、病気になって思うように身体を動かすことができなくなると、病気そのものから生じる苦痛だけではなく、もはや自分が社会に必要とされなくなるのではないかという不安に苛まれることになり、そのことは容易に生きる勇気を失わせることになります。

ですから、子どもの場合も親の場合も、これまで何度も書いてきたように、何かの行為に対して、それが貢献したことに注目してありがとうと声をかけるのではなく、生きていることそれ自体にありがとうと声をかけたいのです。

子どもや親からいえば、他者の期待に添おうとしなくても、自分が何か特別なことをしなくても、そのままの自分で認められるという経験は何にも代えがたい貴重な経験といえます。そのような経験をすれば、たとえ今は何もできることがなくても、自分がまわりの人に役立っていると感じることができ、そのような自分をよしとするようになります。

先にも書いたように生産性への執着が認知症の心理的背景としてあるのなら、何もしていない親に何もしていないのはよくないという理由で何かをするように促すことには問題があるでしょう。絵を描いたり、デイサービスや施設などで行われるリハビリや歌うというようなことは、重要で必要な働きかけですが、再び何かをできるようになるための働きかけではなく、そのような活動をする中で、記憶には留まらなくても、今ここで楽しい時を過ごすことそれ自体に意味を見出すものサであってほしいのです。

自分がもはや人の役に立てず、迷惑をかけていると思っている人もあります。とりわけ若い頃から何かを達成して初めて自分の価値を認められると思って生きてきた人は、老いや病気のために自分の価値を認められなくなるからです。親がそのようであれば、あらゆる場面で、行為ではなく存在の次元で援助することを常に意識してほしいと思います。

これができるためには、介護者自身が自分について、何かをしたことではなく自分を存在のレベルで受け入れられることが必要です。自分を存在レベルで受け入れることができる人だけが、親を受け入れることができるのです。そのままのあなたでいいということの意味は、先に注意したように、何もしなくても人から与えられることをよしとしていいということではありません。病気をした人であればわかると思いますが、絶対安静を余儀なくされるような状況においてですら、そのような自分を受け入れられるということ、さらにそのような自分ですらなお他者に貢献できると思えるためには勇気が要ります。

これはまさに親が目下置かれている状況です。親を介護する中で、何を成し遂げたかということではなく、〈ある〉ということに人の価値を認めること、人は自分が置かれた状況において他者に迷惑をかけているわけではなく、たとえ他者から与えられているだけであっても、他者が自分に貢献することで貢献感を持てるよう貢献していると考えられるようになりたいのです。

いつも悠々と

古代ローマの政治家、文人であるカトーは、八十歳になってからギリシア語を学びました。「まるで積年の渇きを癒さんとするが如く、貪るように学びとった」といっています（キケロー『老年について』三一頁）。モームは、このカトーを引いて、あまり時間がかかるというので若い時には避けるような仕事にも老年になるとぞうさなく取りかかれるものであるといっています（サマーセット・モーム『サミング・アップ』三三五頁）。

常識的には、八十歳から新しい言語を学び始めてもものにならないのではないかと考えるでしょう。なぜこのようなことが可能なのでしょうか。若い人は生まれてから死ぬまでの人生を直線的にとらえているのに対して、老人は人生をそのように見ていないからです。人生を始点と終点のある直線と見る動きに喩えることはできません。このような動きにおいては、可能な限り速く効率的に目標（終点）に到達することが重要です。しかし、生きることは効率とは無縁です。できる限り速く人生を駆け抜けたいと思う人はないでしょう。アリストテレスは、動きにはもう一つの種類のものがあるといっています。それは例えばダンスにおける動きです。ダンスをすれば結果としてどこかに到達するでしょうが、どこかへ到達するために、しかも効率的に到達するためにダンスをする人はありません。このような動きは、目標に到達することが重要なのではなく、今ここにおいてそのまま完成しているといえます。生きることもこの動きと同じです。その時々において完成しているわけですから、何歳であっても何かを始めてたとえ未完成に終わったとしても、その時々において楽しむことができればいいのです。このような生き方を私たちは老いた親から学ぶことができます。

親を尊敬する

ありのままの相手を見ることが「尊敬する」ということの意味です。尊敬は英語では respect といいますが、「見る」あるいは「振り返る」という意味のラテン語の respicio が語源です。フロムは、尊敬とはあなたのありのままの姿を見て、あなたが唯一無二の存在、他の誰かに代えることができない存在であることを知る能力であると説明しています（エーリッヒ・フロム『愛するということ』五一頁）。

親を尊敬したいのです。それは親のありのままの姿を見るということであり、他の誰かに換えることができない、唯一無二の存在であることを知ることであり、美化することもなく、理想の親から現実の親を引き算してみるのでもなく、ありのままの親を認めるということです。

何事もなく日々を過ごしている時にはつい忘れがちになってしまいますが、いったん、家族の誰か、パートナー、子ども、親が病気になったり、事故に遭ったりするようなことがあれば、この人と共に生きることが決して当たり前のことではなかったことに気づかないわけにはいきません。

そのような時だけでなく、普段から時々であっても、自分にとって大切な人との関係を振り返りたいのです。この人は私にとってかけがえのない人である。今はこうして一緒に生きているけれども、やがていつか別れなければならない日がくるだろう。だから、それまでは毎日毎日を大切に生きていこう。問題があっても、病気であっても、自分の理想とは違っても、そのような理想の人を頭の中から消し去って他ならぬこの人と一緒に生きていこうということを日々振り返り、決意を新たにすることから尊敬が生まれるのです。

父は「どう考えても、これから先の人生のほうが短い」といいます。先のことを考えて時間がないと焦燥感にとらわれることがある私よりも悠々としているように見えます。かつて私が子どもで父に守られていた頃とは反対に、今では自分の力だけでは生きられない父を介護しているつもりでしたが、なお昔と変わらず私のほうが親から学ぶことが多いように思います。

参考文献

Adler, Alfred. *The Individual Psychology of Alfred Adler: A Systematic Presentation in Selections from his Writings*, Ansbacher, Heinz L. and Ansbacher, Rowena R. eds., Basic Books, 1956.

Ross, W.D (rec.). *Aristotle's Metaphysics*, Oxford, 1948.

Shulman, Bernard and Berman Raeann, *How to Survive Your Aging Parents*, Surrey Books, 1988.

青山光二『吾妹子哀し』新潮社、二〇〇六年

アドラー、アルフレッド『生きる意味を求めて』岸見一郎訳、アルテ、二〇〇七年

アドラー、アルフレッド『人間知の心理学』岸見一郎訳、アルテ、二〇〇八年

アドラー、アルフレッド『性格の心理学』岸見一郎訳、アルテ、二〇〇九年

アドラー、アルフレッド『人生の意味の心理学（上）』岸見一郎訳、アルテ、二〇一〇年

アドラー、アルフレッド『人生の意味の心理学（下）』岸見一郎訳、アルテ、二〇一〇年

上野千鶴子『老いる準備　介護することされること』朝日新聞社、二〇〇八年
永和里佳子『介護ひまなし日記　新米ケアワーカー奮闘記』岩波書店、二〇一〇年
落合恵子『母に歌う子守唄　私の介護日誌』朝日新聞社、二〇〇七年
小澤勲『痴呆を生きるということ』岩波書店、二〇〇三年
小澤勲『認知症とは何か』岩波書店、二〇〇五年
加藤尚武、加茂直樹編『生命倫理学を学ぶ人のために』世界思想社、一九九八年
キケロー『老年について』中務哲郎訳、岩波書店、二〇〇四年
岸見一郎『アドラー心理学入門　よりよい人間関係のために』ＫＫベストセラーズ、一九九九年
岸見一郎『不幸の心理　幸福の哲学　人はなぜ苦悩するのか』唯学書房、二〇〇三年
岸見一郎『アドラーに学ぶ　生きる勇気とは何か』アルテ、二〇〇八年
岸見一郎『アドラー　人生を生き抜く心理学』ＮＨＫ出版、二〇一〇年
岸見一郎『困った時のアドラー心理学』中央公論新社、二〇一〇年
岸見一郎『アドラー心理学実践入門』ＫＫベストセラーズ、二〇一四年
北杜夫『青年茂吉「赤光」「あらたま」時代』岩波書店、一九九一年
沢木耕太郎『無名』幻冬舎、二〇〇六年
高山文彦『父を葬《おく》る』幻戯書房、二〇〇九年

鶴見俊輔編『老いの生きかた』筑摩書房、一九九七年
ベイリー、ジョン『作家が過去を失うとき　アイリスとの別れ』小沢瑞穂訳、朝日新聞社、二〇〇二年
鷲田清一『噛みきれない想い』角川学芸出版、二〇〇九年
フロム、エーリッヒ『愛するということ』鈴木晶訳、紀伊國屋書店、一九九一
辺見庸『私とマリオ・ジャコメッリ「生」と「死」のあわいを見つめて』NHK出版、二〇〇九年
ベルク、ヴァン・デン『病床の心理学』早坂泰次郎訳、現代社、一九七五年
堀江敏幸『めぐらし屋』毎日新聞社、二〇〇七年
三好春樹『老人介護　常識の誤り』新潮社、二〇〇六年
三好春樹『老人介護　じいさん・ばあさんの愛しかた』新潮社、二〇〇七年
モーム、サマーセット『サミング・アップ』行方昭夫訳、岩波書店、二〇〇七年
ユルスナール、マルグリット『ハドリアヌス帝の回想』多田智満子訳、白水社、二〇〇一年
読売新聞生活情報部編『わたしの介護ノート1』中央公論新社、二〇一〇年
読売新聞生活情報部編『わたしの介護ノート2』中央公論新社、二〇一〇年
KAWADE道の手帖『鶴見俊輔　いつも新しい思想家』河出書房新社、二〇〇八年
Perrin, Tessa and May, Hazel『認知症へのアプローチ　ウェルビーイングを高める作業療法的視点』白井壯一、白井はる奈、白井佐知子訳、エルゼビア・ジャパン、二〇〇七年

あとがき

父がある時「自分史」を作っていました。その頃は父は元気で、私のところへ資料に使う写真を取りにやってきました。父は必要な写真をスキャナーで取り込み印刷したものを持って帰りました。父が戻ってきた時にたくさん持ってきた荷物の中に、この時父が作った自分史がありました。そこにはこう書いてありました。

「振り返れば、輝かしい時代、いつもそばには家族がいた。今は、家族はなく、子どもたちも独立して幸せに暮らしている。ふと気がつくと、愛犬チロがいつもそばにいる。遠き家族の写真を振り返って、それぞれが自分の生を力強く生きた時代を偲び、歴史を思う」

「それぞれが自分の生を力強く生きた」という言葉に私は心を動かされました。そんな父が生きた時代のことを知りたくて、父との生涯二度目の二人暮らしの中で、折に触れて父のこれまでの「歴史」をたずねました。

最近のことはすぐに忘れてしまっても、昔のことは詳細に覚えています。今は施設で暮らしている父のところへ行った時に「前の家はどうなった」と父がたずねる家は、父が結婚するまで住んでいた実家のことです。

母は脳梗塞で倒れ風のように瞬く間に逝ってしまい、後になって悔やむことが多々ありましたが、父とはじっくりと付き合うことができています。おかげで後悔するようなことはないだろうと思います。

父のことを書くことは思いの外つらく、なかなか思うように書くことができず、何度も中断してしまいました。しかし、こんな機会を得られたおかげで、端的にいえば父のおかげで、私は老いや病、死についていっそう深く考えることができました。おそらくはこれまでの生涯で父と今ほど真摯に向き合ったことがなかったからではないかと思います。

脱稿を間近にした十月、父が、今いる認知病棟から一般病棟に、あわせて個室から四人部屋に移れることになりました。この話を聞いた日、足取りも心持ちもいつもよりも軽く、最寄りの駅までの二キロほどを歩くことができました。

父の八十二歳の誕生日に、若い頃の、おそらく結婚前の父と母が写った写真を父のところに持って行きました。「ほお、懐かしいなあ」という父は、写真に写っている蓄音機やレコード、火鉢には関心を示すのに、母のことについては何もいいませんでした。寂しい限りですが、あるいは父の心のどこかを揺さぶったかもしれません。

父の介護を始めたことをブログに書くと、たちまちたくさんの人からメールをいただいたり、電話がありました。いずれも介護のベテランの人たちばかりで、こんなことがあったとか、こんな時はこうするといいというふうに具体的な助言を得ることができてありがたく思いました。

私が子どもたちをまだ保育園に朝夕自転車で送り迎えしていた頃、保育園に着く前に何人もの人に呼び止められ、いろいろなことを教えてもらったのと同じです。その頃はまたよくお母さん方と（まだ父親が保育園の送り迎えをするのは今ほど一般的ではありませんでしたから、お母さん方と書くわけですが）立ち話をして子育てについて情報交換をしたものです。自分だけが子育てで困っているわけではないのだということを知ることだけでも、ともすれば思うように子どもと関わることができず落ち込むこともあった日々において、いい思い出になっています。

今も介護をきっかけにたくさんの人に助けられています。長く介護に関わっておられる人には十分な内容になっていないかもしれませんが、たくさんの人から助言を得ることで、ともすればつらいことばかりのように思える介護の日々を乗り切る勇気を得ることができました。私も目下介護に関わっている人に少しでも力になれたらと思い、本書を書いてみました。

介護について貴重な助言をくださった皆様、就中、父の看護、介護のために尽力してくださった亀岡病院、介護老人保健施設こもれびの皆様、平岡聡医師、島田眞久医師にお礼をいいたいと思います。
今回も出版の機会を与えてくださったアルテの市村敏明さんに感謝します。
二〇一四年九月十五日

岸見 一郎

◆著者
岸見　一郎（きしみ　いちろう）
1956年、京都生まれ。京都大学大学院文学研究科博士課程満期退学。現在、明治東洋医学院専門学校教員養成科、鍼灸学科、柔整学科（教育心理学、臨床心理学）、京都聖カタリナ高校看護専攻科（心理学）非常勤講師。日本アドラー心理学会認定カウンセラー、日本アドラー心理学会顧問。著書に『アドラー心理学入門』（ＫＫベストセラーズ）『アドラー人生を生き抜く心理学』（ＮＨＫ出版）『アドラーを読む』『アドラーに学ぶ』（アルテ）、訳書にアルフレッド・アドラーの『個人心理学講義』『生きる意味を求めて』『人生の意味の心理学（上・下）』『人間知の心理学』『性格の心理学』『人はなぜ神経症になるのか』『子どもの教育』『教育困難な子どもたち』『子どものライフスタイル』『個人心理学の技術Ⅰ・Ⅱ』『性格はいかに選択されるのか』『勇気はいかに回復されるのか』『恋愛はいかに成就されるのか』（以上アルテ）、エドワード・ホフマンの『アドラーの生涯』（金子書房）などがある。
https://www.facebook.com/ichiro.kishimi/　e-mail:ichiro.kishimi@mac.com

介護のためのアドラー心理学入門
――どうすれば年老いた親とよい関係を築けるのか

2014年10月25日　第1刷発行
2016年 4 月 5 日　第2刷発行

著　　者　岸見　一郎
発 行 者　市村　敏明
発　　行　株式会社　アルテ
〒170-0013　東京都豊島区東池袋2-62-8
BIGオフィスプラザ池袋11F
TEL.03(6868)6812　FAX.03(6730)1379
http://www.arte-pub.com
発　　売　株式会社　星雲社
〒112-0012　東京都文京区大塚3-21-10
TEL.03(3947)1021　FAX.03(3947)1617
装　　丁　Malpu Design（清水良洋＋宮崎萌美）
印刷製本　シナノ書籍印刷株式会社

ISBN978-4-434-19824-3 C0011